草根创业的100种方法

白 晓／著

SPM
南方出版传媒
广东人民出版社
·广州·

图书在版编目（CIP）数据

草根创业的 100 种方法/白晓著. —广州：广东人民出版社，2018. 6
（2020. 1 重印）
ISBN 978 -7 -218 -12507 -7

Ⅰ. ①草… Ⅱ. ①白… Ⅲ. ①创业—基本知识 Ⅳ. ①F241. 4

中国版本图书馆 CIP 数据核字（2018）第 015273 号

CAOGEN CHUANGYE DE 100 ZHONG FANGFA
草根创业的100种方法
白晓 著

出 版 人：肖风华

责任编辑：赵世平
封面设计：金刚创意
责任技编：周 杰

出版发行：广东人民出版社
地 址：广州市海珠区新港西路204号2号楼（邮政编码：510300）
电 话：（020）85716809（总编室）
传 真：（020）85716872
网 址：http：//www. gdpph. com
印 刷：阳谷毕升印务有限公司
开 本：787mm×1092mm 1/16
印 张：15. 5 **字 数：**200 千
版 次：2018 年 6 月第 1 版 2020 年 1 月第 2 次印刷
定 价：58. 00 元

如发现印装质量问题，影响阅读，请与出版社(020-85716849)联系调换。
售书热线：（020）85716826

序言

草根创业秘籍：月入过万，你准备好了吗

你是不是每天过着朝九晚五准时上下班，三点一线的生活，面对着职场纷繁复杂的人际关系，早已心生倦意？你是不是还在四处投递简历，为找一份稳定、薪水可观的工作而忙得焦头烂额？你是不是站在人生的十字街头，茫然失措，不知道哪一条道路才能看到生活的曙光？

其实要想挣脱这一切人生苦恼和迷惘，你只有一条路可走，那就是选择创业。通过自己的独立奋斗，锲而不舍的坚持，独特的商业嗅觉，摆脱生活沉重的禁锢，为自己赢得一片湛蓝自由的天空。

宋代曾有这样一个故事。一日，佛印与苏轼一起出外游玩，途中看到一座观音的木像，佛印立刻双手合十，虔诚参拜。

苏轼对此十分不解，问佛印："我们拜观音，可观音也合掌拿着念珠，她在拜谁？"

佛印神秘一笑，说："这要问你自己。"

苏东坡一怔，道：“我怎么会知道观音菩萨手持佛珠拜谁？”

佛印意味深长地说：“求人不如求己。”

是啊，求人不如求自己。其实我们在生活中不也往往如此吗？有工作的人总期待明天可以“跳槽”，遇到一个好老板；没有工作的人期待明天可以找到一份好工作。却少有人想到，其实好的工作需要自己创造，只有自己为自己打工，才最稳定，最长久，也最有尊严感。

我们生活在一个急速变幻的时代。在这样一个时代，从来都不缺少各种创业机会。我们缺少的，往往是一双善于发现机会的眼睛，和说服自己抛弃安逸生活勇敢创业拼搏的决心。

对于身处社会底层的草根来说，也许你没有良好的社会关系，没有太多的创业资金，但是在现代社会，只要你拥有以下几点，那么成功必定会在前方等待着你。

一、捕捉商业信息的能力。我们身处一个知识大爆炸的信息时代，借助杂志、书籍、互联网等媒介，只要你有心，往往能够从他人不注意的信息中寻找到巨大的机遇。只要你能够抓住这一机遇，成功并非遥不可及。

二、积极与人沟通的能力。创业者在创业过程中，需要积极与人沟通分享交流，只有这样才能够寻找到人际资源，来支持和帮助自己完成梦想。此外，创业者要为产品打开销路，拓宽市场，也需要良好的沟通能力，才能说服和感染他人，为自己赢得商机。

三、团队协作能力。现代社会，个体要实现自身更高层次发展，必须学会与他人协作。团队协作可以创造出更高的效益，使每个人在专业分工中充分发挥自己优势，实现个人的更久远发展。

这三种能力中，捕捉商业信息的能力在急速发展的信息社会显得尤为重要。只要你能够敏锐地把握住商业信息，创业其实可以很简单!

这本书中，笔者分别从互联网、旅游、服务业、销售等领域，选取了许多刚刚涌现的商业机遇，并提出了合理化的运作方法和应该注意的问题，只要你能够从这些商业信息中寻找到符合自己兴趣的创业项目，勤奋努力，实现月收入过万并非天方夜谭。

梦想属于勇敢拼搏，不重复过去，牢牢抓住机遇的人。你准备好了吗?

目录
Contents

第三章

第四章

第十章

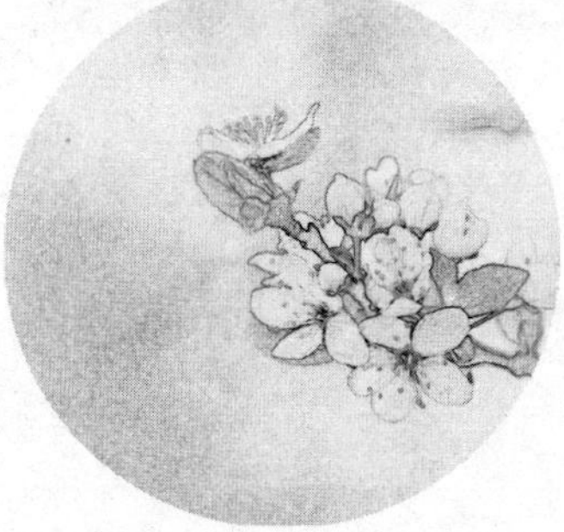

第一章

草根舞台：
草根创业的快乐天堂

GRASSROOTS
ENTREPRENEURSHIP
100
WAYS

下岗夫妻做麻辣烫，月收入过万

人物故事：

傍晚时分，华灯初上。武汉大学旁边的“美食一条街”迎来了几名女大学生，她们一边悠闲地走着，一边商量着晚上吃什么。一个女生提议：“不如去那家吃麻辣烫吧。”另一个女生说：“你不是前几天才吃过了吗？”那个女生回答道：“可是那家真的很好吃嘛。”

她们口中说的“那家麻辣烫”便是陈师傅夫妇俩开的“夫妻麻辣烫”。这间小店虽然面积不大，只摆了八张小桌子，可一到傍晚时分就持续爆满，还有很多顾客因为等不了空下的桌子而选择打包带走。陈师傅夫妇便不停地穿梭在人群当中，高兴地忙上忙下。

两年前，陈师傅夫妻俩同在一家企业基层工作，受金融危机影响而双双下岗，家里还有一个上高中的孩子，夫妻俩一时一筹莫展。好在家里有做麻辣烫生意的亲戚，向陈师傅传授了麻辣烫的秘方配料，于是夫妻俩支起锅灶，在街边摆起了麻辣烫小摊。

麻辣烫是城市街头随处可见的一种小吃，一个摊子，一辆小车，一口烫锅，再加上几张桌椅板凳。0.5元一串的素菜，1元一串的荤菜，吃客们根据自己的口味挑选菜品，待到食材煮熟后浇上独家的汤料，5元可以吃得饱，10元可以吃得好。由于麻辣烫方便廉价的特点，使它无论在什么地方都有市场。

刚开始这个小摊只有两张桌子，但是夫妇俩凭着美味可口的汤底和干净卫生的材料以及热情周到的服务，很快便吸引了越来越多的顾客。于是在短短一年内，小摊从两张桌子变成了四张、八张，夫妇俩起早贪黑的劳动也有了近十万元的收入。

第二年年初，陈师傅租下了位于武汉大学附近“美食一条街”的一家店面，秉承着一贯诚信经营的理念，不改干净卫生的特色，迅速获得了周边学生的青睐。而且陈师傅有针对性地改进了服务质量，从调整汤底味道，到及时更换碗筷。这些做法换来了人气，他的麻辣烫在武大附近已经有了一定的知名度，更多的人开始走进他的小店。

每天中午和晚上，陈师傅的八张饭桌几乎没有空着的时候。为了缩短顾客排队的时间，陈师傅还特意做了一套能够同时做出 8 口小锅的麻辣烫厨具。在他的店里，一天要消耗蔬菜多达百斤，素的青菜一般卖 0.5 元，荤的丸子 1 元起步。而青菜的成本只有 0.1 元，从中就能赚 0.4 元，丸子的实际成本只有 0.3 元，也就能赚到 0.7 元，所以说东西虽小，赚得却不少。不过陈师傅反复强调：“哪怕是一根青菜，我们也会认真仔细地洗干净，给顾客们吃的食物的卫生必须得到保障。”

而这家“夫妻麻辣烫”平均每天可卖出两三百份麻辣烫，每份的毛利都在七成以上，除去那些成本和房租等费用，陈师傅夫妻俩每月的收入都能达到 1 万多元！

你需要具备的因素：

1. 几千到上万元的启动资金。

启动资金有限的话，就从街边小摊做起，如果资本足够的话，不妨直接租下店铺。

2. 诚信经营的理念。

做生意最大的诀窍就在于一个诚信，公平买卖。诚信经营是一个生意人应当具备的基本素质。

3. 吃苦耐劳的精神。

麻辣烫生意的高峰一般都在傍晚五六点到晚间九十点，这段时间肯定会异常繁忙。而上下午的空闲时间也不能无所事事，需要将晚间的食材充分准备好，清洗好相应的碗筷锅具。所以想赚钱的朋友们必须得吃得下这样的苦。

赚钱是有技巧的：

1. 必须保证食品的干净卫生。

近年来，我国的食品安全卫生问题越来越引人关注。君子求财，取之有道。不能以牺牲顾客的健康为代价来赚没良心的钱，所以需要严把卫生关，只有给顾客良好的印象，让顾客吃得放心，才是长久之道。

2. 需要有自己的“独家配方”。

其实不仅仅对于麻辣烫行业，所有小吃行业的成功秘诀都在于要有自家的特色“秘方”。一份令人食指大动的麻辣烫的关键就在于它的汤料，这个需要找人学习，也需要自己慢慢摸索。

3. 选好位置再开店。

如今的社会根本不缺少好的产品，缺少的只是好的销售手段。而餐饮这一行，选择开店地址最重要，一定要有人气才能做得起来。人流量大的地方，店的生意才会好，所以可以考虑选址在大学城周边，或者中心商业区附近。门面的大小根据自己情况来定，装修不需要高档豪华，越是朴实无华，越能贴近大众。不过招牌一定要醒目，要有吸引力。

风险提示：

如果能具备以上提及的几点，且能吃苦耐劳，你想不赚钱都难！

职业跳级——你未必一辈子这样

麻辣烫生意一般都是从路边小摊做起的，但是街边小摊给人的一贯印象都是脏乱差。所以，如果起初资金充足的话，建议直接租下店面，一来能给人干净卫生的印象，二来也不至于在寒冷的季节里让顾客在街边吹冷风。如果条件不允许，只能先从小摊做起，一旦生意具有一定规模，积累了一点资本后，还是拥有一间店面更为合适。

总评：

没有不赚钱的行业，只有不动脑筋的人。一般来说麻辣烫的消费者都是中低收入者，城市最常见的为年轻女性和学生。大多女性比较喜欢刺激偏辣口味，而学生喜欢物美价廉的小吃，5 ~ 10 元的消费对于这样的人群来说都是能接受的。因此开店前要先做好市场的定位。好吃的麻辣烫能让人吃完难忘！就算你再好的服务和位置也弥补不了这方面的不足，你卖得再便宜未必有人吃。如果你口味好再加以合理的服务和管理，不愁生意做不好，所以得首先学到好的汤料手艺。

卫生问题也是必须重视的，特别是在大城市就更要注意。店里一定要时常打扫，做到客走即扫，特别在夏天更要注意蚊虫的驱除。有了上述的定位就要考虑把店开在什么位置最为合适。店址的优劣很可能决定了你生意的好坏。为什么有人开个店就火，再开分店还是火？为什么大商场和品牌店都位于人流量大的街区？好的位置虽说房租高点，但是人流量大，潜在顾客多。因为羊毛只会出在羊身上！所以说房租高点不要怕，但也要做到量力而行。

别以为保姆都是低收入者

人物故事：

近日有很多报纸上刊登的招聘信息引起了很多人的注意——招聘阿姨，照顾小孩的饮食起居。要有爱心、耐心，烹饪水平较好、高中以上文凭、年龄 30 ~ 45 岁以及待遇每月 5000 元。

“一个月 5000 元的收入，这样的水平都好过白领了，跟她们相比，我这样的白领都成了灰领咯，还不如辞职去做保姆！”一位在某外贸公司上班的白领女士调侃道。

“虽然保姆的工资待遇这么高，但实际上符合条件的保姆却不大好找。”据沈阳某家政公司的工作人员介绍，目前普通的保姆大多来自乡镇和农村，年龄基本在 50 岁左右，学历一般都是小学、初中，很少有高中学历。而那些年轻一点的保姆，又基本有自己的家庭，不愿做那种居家保姆，只会做做钟点工。

据家政人员介绍，沈阳自从 2016 年春节以来，钟点工的工资从春节前的每小时 25 元涨到了 30 元以上，而市区保姆的薪酬也在一路飞升，目前普遍在 4000 ~ 6000 元。甚至有的保姆月工资高达 8000 元，就这样还有很多市民都为自己找不到保姆而抱怨。但是由于保姆整体素质偏低，那些真正的好保姆就更难找了。

2016 年，沈阳某家政公司针对一些较高水平的知识分子和高收入的白领家庭，他们对保姆素质有较高要求，专门推出了“中级保姆”服务。而首批接受培训的人员，都是从家政公司 200 多名保姆中挑选出来的。经过了一系列严格正规的系统培训，她们对家中成员的照顾，以及对各种家务的从事，都能满足这些家庭需求，首期培训出来的 20 多名“中级保姆”刚结业，很快被提前预约的市民“抢购”一空。虽然这些有“级别”保姆的工资相对普通保姆要高出 50%，但比普通保姆却更受欢迎。

35 岁的孙大姐是大专毕业，因下岗在家，而去这家公司接受培训，随后便成为了首批结业的“中级保姆”之一，她在一个月前被市里的吴女士聘到家中。吴女士夫妇都是大学毕业的白领，曾经找过好几次保姆，但试用一段时间就感觉不合适，许多来自农村的保姆虽然干活很勤快，但是她们的一些生活细节让吴女士夫妇不太满意。

而孙大姐一到吴女士家，仅用了 1 小时就把三室两厅一百多平方的房子收拾得有条不紊。吴女士家养了一些花草，孙大姐便阅读相关书籍，把花草侍弄得健健康康；对吴女士家的真皮沙发、高档衣物的清洗和保养都做得很好；她还向吴女士“传授”了一些有用的经验，吴女士连连高兴地说到：“孙大姐真是我家的好帮手。”而孙大姐得到的报酬则是每月 4000 元，一年后如果她还愿意在吴女士家做的话，吴女士愿意再加 20% ~ 30%。

在沈阳像吴女士这样愿意雇用“中级保姆”的家庭不在少数。据该家政公司反映，首批 20 多名“中级保姆”已在三天内全部被聘走，而且经过一周的试用之后，纷纷得到良好的反馈，都觉得这钱没白花，对这类保姆的评价基本是：人品好、有素质、技能过硬。

虽然这类保姆的价钱普遍高出一般的保姆，但由于雇主良好的反馈，一时之间出现了供不应求的局面，据该家政公司人员透露，沈阳的中、高级保姆人数与客户需求之间有很大差距，其空缺度超过了六成。

据有关社会科学的研究人员分析，如今广大市民愿出高价聘请“有级别”保姆，说明人们追求生活质量的认识提高了。保姆从照料孩子，处理家中杂务逐渐变成日常生活“管家”，标志着我国大中型城市的家政服务上升到一个新的水平。但是作为一个受雇主满意的高级保姆，不仅要善良老实，还要有良好的服务意识和职业道德。很多雇主纷纷表示：“一个好保姆要真心对老人好，对小孩好。她真心对家人好，我们也会用心对她。”“踏实、肯干，忠厚老实，不做表面文章的保姆，都是大受雇主欢迎的。”“我觉得一个好保姆，应该讲究个人卫生，看起来干干净净、斯斯文文。不会经常抱怨的保姆才是一个好保姆”。

你需要具备的：

1．吃苦耐劳的精神。

做保姆自然会有很多日常家务与琐事需要劳作，不能耐下性子吃苦肯定是干不好保姆这一行的。

2．“四心”具备。

所谓的“四心”就是爱心、耐心、责任心和包容心。毕竟这样的保姆才是雇主更乐于聘用的。

3．“三证”要全。

所谓的“三证”就是资格证、身份证和健康证。资格认证和身心健康是一个保姆应该具备的基本前提。

职业提醒：

1．相互尊重，相互平等。

保姆和雇主之间应该相对平等，雇主不该高人一等，保姆也不要觉得自卑，双方平等相处才会有良好的家庭氛围。

2．注意分寸。

作为保姆需要认真细心，但不能凡事无所顾忌，雇主在谈论某些私事时需要自动回避一下，不要随便在私下里议论雇主的某些行为事迹等等。

3．懂得知足。

很多保姆因为雇主的小孩比较依赖自己，就会以此要挟，一再要求涨工资，这样会给雇主留下很差的印象。

温馨小贴士：

1. 作为一个保姆，需要尽量挑选正规的家政公司。选择操作规范、诚信度高的企业，千万不要找那种只有一个人、一台电话、一张纸、一张桌子的“黑家政”，因为一旦出现状况就会人走楼空，这样对保姆的利益没有保障，对雇主也有一定的损失。

2. 必须要求家政公司为保姆买意外险。这样保姆遇到意外、疾病等损失能有个保障。同时也要给雇主购买经营责任险，这样由于保姆的责任而造成雇主家庭财产或人身伤害也能有所保障。

总评：

随着不同收入水平的市民对保姆的需求日趋多样化，一些高收入家庭对保姆综合素质和职业技能的要求也越来越高，以往单一“做家务”的保姆已不能满足市场需求。以广州为例，目前广州从事保姆行业人员约有50万人，但其中70%来自内陆偏僻贫困地区，这些人学历较低，没有经过专业培训，无法提供较为专业、有特色的服务。在整个广州保姆行业中，只有不到两成人员具有国家颁发的职业资格证书，而其中持有初级资格证的占据绝大多数。所以说哪个城市都不缺保姆，只是缺好保姆。

但是有很多刚出来的保姆经验不足，掌握的技能也比较少，看到别人一个月拿4000多元，便会心理不平衡，要求涨工资。可是那些中高级保姆可能会开车、会英语、会投资股票、会照顾宠物，这些也是很多新手保姆都能掌握的吗？很多家政公司针对市场需求，会选择一些素质好的保姆进行专业培训，从而满足一些家庭经济条件较好的市民需要。这样有“级别”的保姆工资虽然高，但是雇主纷纷认为只要素质高、技能强就很划算。

那么，在如今大学生就业难的背景下，做一个中高级保姆也不失为大学生发展的一个方向。毕竟要“先就业，再择业”。

月嫂的照看，就是生钱的能量

人物故事：

“我就是喜欢照顾小孩，看着那些小孩子在我的照看下，他们的妈妈脸上露出满意的笑容，孩子们舒舒服服的表情，那一刻我就会觉得无比满足，之前的劳累也都全忘得一干二净了。”说起自己从事的工作，现年46岁的刘大姐脸上始终洋溢着温暖的笑容。通过自己的努力和再就业机构的帮助，刘大姐从昔日的下岗女工一跃成为了如今的“金牌月嫂”，在获得一个个家庭交口称赞的同时，每个月还能拿到6000元以上的报酬，这不能不说是一个奇迹。

刘大姐家住河北保定，1992年进入了一家食品厂工作，工作虽然枯燥劳累，但待遇也还说得过去，再加上刘大姐本人善良随和，没多久她就与当地一位男青年结了婚，过了两年生了一个孩子。但天有不测风云，2008年，食品厂倒闭了，40岁的刘大姐成了一名下岗女工。那段期间她很迷茫失落，又不忍心看着家里的负担全落在丈夫的肩头，于是她开始四处找事做，做过小吃、卖过服装、给饭店洗过盘子、在宾馆做过保洁员……可是对于像刘大姐这样的低学历，又没什么专业特长的家庭妇女来说，待遇好点的工作实在不多。

“那时候，我觉得压力特大，家里的老人虽说有退休金，但我们也应该时常照顾一下，而且我儿子那时也正在上学，一家人的生活都要靠我丈夫的收入来支撑，真得好好感谢他。”刘大姐说到。

一次偶然的机遇，刘大姐在丈夫的推荐下来到了保定下岗再就业培训学校。已是不惑之年的刘大姐担心自己学习能力差，学不到什么本事，但是培训学校的老师一再鼓励她道：“你还这么年轻，家里还有老有小，只要肯努力，还是能学点东西的。”

随后在一次专家讲座时，让刘大姐接触到了“月嫂”这个行业，听到专家学者系统全面地讲解了育儿知识，让她觉得自己比较适合这个行业，于是她决定参加育儿培训班。

经过了一个月的系统培训，刘大姐开始正式接触月嫂这一行业。随后通过考试，刘大姐顺利拿到了国家中级育婴师证，进入了一家家政公司工作，以每个月2000元的薪酬，受雇于保定一户人家，开始正式投身月嫂这份新工作。

作为一名月嫂，最重要的一点是得有爱心，有耐心，喜欢小孩子。还要能听懂孩子的语言，比如小孩哭了，可能是饿了，可能是刚睡醒，还有可能是要换尿布等等。刘大姐每天要做40多项母婴护理工作，包括产妇日常生活护理、营养配餐、婴儿专业护理以及产妇心理指导等工作。

在这一年的月嫂工作中，刘大姐把宝宝当亲人，把孕妇当做家人，凭借着丰富的经验以及勤恳专业的服务态度，让那几户人家相当满意。随后第二年年初，刘大姐又被当地好几家临产的人家点名要走，她再次以善良随和的特点获得了那几户人家的一致好评。因为在刘大姐心里，从产妇临盆、婴儿出生的那一刻起，她所付出的一切就得以产妇和新生儿为重，还会随着用户的需求不断调整工作方式。由于她的敬业爱岗、专业细心的工作态度，几年来她服务过的几名产妇不仅身体很快就康复了，一个个小宝宝也都是聪明健康。那些和她朝夕相处过的产妇们也都和她成为了朋友。而每当孩子满月了，刘大姐完成了她的工作，产妇家庭都会百般挽留。

随着这几年工作经验的不断积累，刘大姐的工资一升再升，从最初的一个月2000元，到如今超过6000还被人抢着要。凭借着自己的付出和努力，刘大姐成为了家政公司里收到雇主感谢信最多、孕妇争抢的“金牌月嫂”之一。

刘大姐说："现在就业压力这么大，社会上工作都不好找，自己本没有一技之长，我能在下岗再就业学校里接受培训，学习到一技之长，然后又找到了一份满意的工作，还能有这样的收入，我已经很满足了。不过月嫂这个岗位并不同于一般的保姆，需要更多的细致要求，以后我要是干不动了，我倒想开个培训学校，这样可以教会更多的人，让那些下岗妇女们也能重新找到工作。"

你需要具备的：

1. 吃苦耐劳的精神。

月嫂需要花去大量时间照看宝宝，并且细心护理产妇，因此需要从业者能够吃苦耐劳，任劳任怨，才能获得雇主信赖，才能获得更多收入。

2. 身心健康。

只有健康状况良好，才能做一个称职的月嫂。正规的月嫂一般都要进行一个全面的身体检查，只有合格者才有资格做月嫂。

3. 具备一定的经验和资质。

月嫂最好是学习过护理专业知识和基本医学知识，或有过专业的产妇护理培训经历，另外，有过生育经验也是很重要的。

职业提醒：

1. 不要打听和透露雇主隐私。

月嫂往往需要住在雇主家中，照料产妇和婴儿，因此会与雇主产生较多交流。月嫂在平时工作中应该严守职业道德，不主动打听雇主隐私，不向外人透露雇主的家庭信息。只有良好的个人道德，才能收获较好的口碑，以利于自己职业生涯的长期发展。

2. 与产妇的性格相融。

在选择雇主前，双方必须进行一定的交流，以求能够互相信赖，避免不必要的摩擦和不愉快。例如性格偏于安静内向的月嫂，适宜寻找性格温和的雇主；性格外向大方的月嫂，适宜寻找比较热情爽朗的雇主，以利于双方的日常沟通交流。

3．选择正规的家政公司。

选择家政公司要看其营业资格，签定合同要写清服务的具体内容、收费标准、违约或事故责任等。正规的家政公司会有一套严格审查的程序，每一位月嫂都有自己的档案，其中包括身份证、健康证、从业经验、照片等证件，雇主可以查看这些证件，月嫂也要了解雇主家的大致情况，这样有利于双方在接下来的工作过程中和谐相处。

总评：

月嫂并不是保姆。月嫂是专门照料产妇和婴儿的家庭服务员，月嫂所具备的专业知识是传统的保姆所无法比拟的。通常情况下，月嫂的工作集保姆、护士、厨师、早教师的工作性质于一身。月嫂上岗前都会经过严格、系统的培训，以便掌握更多的产后护理知识。

近两年在对月嫂区分等级和服务质量后，出现了一批专业技能强、文化知识高的新型月嫂。这些月嫂主要面对高端人群，不仅提供婴儿出生后一个多月的护理服务，还可为 0 ～ 3 岁的婴儿成长制定专业的服务方案，保证幼儿能够获得更加悉心的照料。此项工作不仅有利于新生儿日后的健康成长，更大大提升了月嫂的服务层面，使其成为新兴服务行业的高级蓝领。

武汉、重庆等城市，月嫂收入通常为 4000 ～ 7000 元。北上广深等国内一线城市高端月嫂收入可达一二万元。因此，只要你专业技能较强，具有足够的经验和人脉，服务意识强，这一行业可以获得极大的上升空间，为你的人生带来无限可能。

疏通工的疏通艺术＝钱财＋影响

人物故事：

十一期间，午饭时分，家住武汉汉口的陈先生难得享受一个长假。于是他亲自下厨房做上几个小菜，不料下水管道不知为何堵塞了，积水遍地都是，整个厨房狼狈不堪。陈先生连忙拨打了某疏通公司电话，10分钟后，疏通工曹师傅赶了过来，只见他掏出扳手与其他工具对陈先生家的厨房管道敲敲拧拧，不到3分钟，那管道便恢复原状畅通无阻了。

“果然是专业的事得专业的人来干事，这钱也就他们能挣，3分钟80元也算值了！”对于曹师傅三下五除二便让自家水管“复工”，陈先生表示很满意，很爽快地支付了曹师傅应得的报酬，并且泡了一杯热茶准备留曹师傅坐下来休息一会，不料这时曹师傅的手机响了起来，又有别的住户家的水管出了问题，来不及喝茶的曹师傅又匆匆离去。

中午短短一个小时，曹师傅连跑了3户人家，每次都是5分钟之内将堵塞的水管疏通好，为住户解决了生活不便，也让自己获得了200多元的报酬。这个时常月收入过万，干的却都是脏活累活的行业，便是被戏称为“超级马里奥”的管道疏通工。

现年45岁的曹师傅是安徽人，现在在武汉的一家疏通公司工作。他在武汉干疏通工这个行业已经快20年了，这份工作就是多劳多得，每当到了冬夏的旺季，有时月收入甚至能高达2万元，就算到了淡季也至少能有七八千元。虽说收入这么高，这背后的许多辛苦和酸楚却都不为人所知。

“我们这行挣的可真都是辛苦钱。”十一黄金周，对曹师傅来说和平日里没有多大区别。“我们一年到头没得休假，随时都在待命状态中。”据曹师傅讲，他常常正在吃饭，客户一个电话打来，他就得放下碗筷赶过去。

有时候，甚至在他睡眼惺忪的凌晨有住户家庭发生了堵塞，他也得尽快赶去排忧解困。

而且疏通工时常要掏除污秽杂物，尤其是在卫生间里，哪怕地面上屎尿横流也得弯下身子来解决问题，很脏很累。“10 多年前的一个下雨天，有户一楼住户的马桶不通了，叫我过去疏通。那是一座老式的筒子楼，管道设计有问题，住户平时也不讲卫生，卫生纸什么的就随手扔进马桶，结果一到下雨天就出问题了。当时那里面的气味极其难闻，水又漫的太多，用工具不好操作，我只能用手清理，结果干了 1 个多小时才疏通好。那时候我一直强忍着胃里的翻滚，等到把马桶通好了，我就趴在卫生间的门口吐了出来，那天回去了全身上下都是臭烘烘的，后来我每次在外面干完活后回去的第一件事就是洗澡。”讲到十几年前的往事，曹师傅依然记忆犹新。

曹师傅靠的都是丰富的经验和吃苦的精神工作。管道容易堵塞的住户很多是老式住宅楼，都没有电梯，曹师傅时常要背着十几公斤的工具爬楼梯。有时还会从事一些比较麻烦的户外作业，不管是寒冬还是酷暑，都得全副武装，忍受各种恶臭气味，力求在最短时间里为客户解决难题。

虽然说职业无高低贵贱之分，但是在大多数人的眼里，疏通管道都不是那么体面的工作。所以时不时有些素质不高的客户在与曹师傅交谈时，对他表现得不太尊重，说话比较难听。对此曹师傅说：“虽说我干的活很脏很累，但是我的每一分钱都是通过我的劳动挣出来的，而且我用我的肮脏让很多人过上干净的生活，这样的工作不算不好。自食其力的人应该值得尊敬！”另外曹师傅的孩子现在正在读高中，在他看来孩子能考上大学就是他今生最大的愿望。他一直相信知识改变命运，只要孩子努力学习，考上大学，他就算再苦再累也心甘情愿。

你需要具备的：

1. 相应的技术和相关工具的使用技能。

作为一项技术工种，没有相应的技能肯定是干不了这项工作的。但是好在这项工作的入门门槛较低，比较容易学会并掌握，可以通过相关的培训，或跟随某位经验丰富的老师傅学习，一般 3 个月之内便能学会。

2. 良好的忍受能力。

疏通工常常要面对各种污物和恶臭，因此必须做到能忍常人之所不能忍，这些脏活累活如果没有一定吃苦耐劳的精神是做不来的。

3. 强大的内心。

比起脏活累活和难闻的气味，更需要面对的是很多人对这项工作的片面理解而造成的误解与歧视，所以需要强大的内心，不要太在意别人异样的眼光。要知道，你用你的满身异味换来了别人干净舒适的生活，单是这样的奉献精神就已经值得每个人尊重了。

职业提醒：

1. 个人与团队。

从事疏通工作的有个体户和疏通公司之分，但在报酬方面都是多劳多得。依托于一家公司能够接到更多的工作，也有很大的相关保障，适合刚刚从事这项工作的新人们。除非你已有很丰富的经验和业界广泛的声誉，否则不建议一个人单干。

2. 小住户与大企业。

一般来说需要疏通服务的客户们多为一家一家的家庭住户，但是也不乏一些酒店、商场和企业公司等，显然后者的报酬更多。所以需要积极联系这样的大客户，争取和他们长期合作，这样有利于增加收入。

3. 巧干胜于蛮力。

干这一行，不仅要用力气，更要会用脑子。疏通管道最难的就在于找到堵塞处。一般来说，下水管道最容易堵塞的部位是入口下端的第一个拐弯处，有一些专用工具，可以轻易解决这个难题。但是堵塞的原因是各种各样的，如何将这些问题一一解决，靠的不仅仅是吃苦耐劳，更重要的在于经验与技巧，这是一个长期积累的过程，需要耐心学习。

总评：

虽然管道疏通工们起早贪黑地为城市管道的畅通奉献出他们的汗水，但是他们却常常容易被人指指点点，觉得他们满身的污泥和臭味，那都是因为许多人对管道疏通工不了解，他们的工作和千家万户的舒适生活紧密相连着。要是没有人干这样的活儿，那么用不了多久，整个城市就会因为各种堵塞而成为一个满是污秽杂物的“化粪池”了。所以这项工作也在很大程度上需要得到更多市民的理解和支持。

随着我国城市建设的迅猛发展，现在的高层建筑越来越多，这些高楼大厦的排水不畅将会对居民的生活造成重大不便，因此对管道疏通工有很大的需求。现在市面上出现了很多便捷的疏通机器，常见的一些管道疏通设备市场价格不超过 5000 元，很多疏通工作都可以依靠这些机器来完成，所以这项工作入行门槛较低，若能做到不怕脏、不怕苦、不怕累，那么这项工作也不失为一个很不错的选择。

别小看了摆地摊，也能买楼的

人物故事：

下午不到 5 点，杭州商业街夜市上，王建成用伶俐的节奏搭架子，挂衣服。“美女又过来啦！我这还没挂完衣服，顾不上招呼你，你先自己看看吧，又上了不少新款呢。”正忙着，摊前来了个老客户，王建成忙招呼了两声。

只见那个美女的目光紧紧地被架子上的衣服吸引住了，就连王建成堆在桌子上没来得及整理的衣服都迫不及待的翻了一遍。

“老板，这件多少钱？”

“120 元。你是老主顾了，给你便宜点，100 元，这是实在价了。”

“好，我要一件！”

还没怎么着，王建成的小摊儿已经开张了。

眼前这个夜市地摊儿的老板，是个戴着眼镜，说话斯文但是十分利索的小伙。说起摆地摊儿的原因，他十分直接地说：“就是因为赚钱多。”王建成摆摊儿已经有 5 年了。5 年前，他在一家国企总裁办做文员，一个月总能稳定地赚 3000 多元。并不闯荡的他原本想靠着父母的积蓄，自己再攒几年，就贷款买套房子，按部就班地过日子就行。可是天有不测风云，父亲一场突如其来的病打乱了一切。5 年前，父亲查出得了白血病，手术治疗几乎花光了所有积蓄，后续的治疗费用也不轻。那些日子，王建成天天为钱发愁，“只靠死工资是不行了，必须得找个赚钱的法子。”他回忆说。直到有一天晚上，在夜市上，他偶然发现公司一个同事开着私家车摆地摊，好奇心让他不由得上前攀谈起来。

“你开着十几万元的车摆地摊，这是玩儿票啊？”王建成问道。

“哪里，我是踏踏实实在干。你可别小看这些，一晚上赚个三四百没问题。”听朋友这样说，王建成有些吃惊。“我白天得上班，精力顾不上，人家那些专门有摊位的赚得更多……”

听到这儿，王建成的心早就飞了，之前苦恼了半天的事情一下子茅塞顿开。

说干就干。回去后，王建成在网上查阅了各种摆地摊儿的资料，又一连几个晚上在几条繁华的商业街考察，发现逛夜市的绝大多数是女性，于是便决定卖女装。通过对夜市消费群体的深入分析，他发现夜市的人一般消费能力并不高，对衣服主要是要求好看，总的来说就是性价比要高。所以，要卖女装，进货很关键。但因为自己平时对时尚并不了解，不知道当下年轻女性的喜好，于是他便到杂志摊上买了十几本时尚杂志，又“逛遍”淘宝网各大皇冠店，终于发现卖得比较好的大都是日韩系的服饰。于是，他照着杂志、淘宝热卖款的风格进了首批货，没想到一晚上就卖了十几件，按平均每件衣服卖100元算，一件衣服总有四成的利润，一晚上下来就是400多元。

这下子王建成可有了底，开始放心大胆的干。此后的几个月里，他一直顺风顺水，收入十分可观。“那段时间我很兴奋，但是问题也很快来了。”由于一直持续销售几款风格相近的服饰，几个月下来市场也基本饱和，如果不再去开拓，一定会遇到瓶颈。可是白天还要上班，他的精力根本不够。原本，他也像朋友一样没有租固定摊位——“流动作战”，这样在时间上也可以自由些，可是现在，他越来越觉得“鱼和熊掌”不能两全，于是便鼓足勇气辞掉了工作，租了个摊位，专职摆地摊儿。

此后，他开始一门心思地研究怎样扩大利润。“我当时想，给我供货的批发商上面肯定还有更大的批发商，他们的货肯定更便宜。”为提高差价，王建成经过多方考察，终于在当地的一个县城里找到了一个淘宝村，在哪儿进的货不仅款式新潮，而且平均价格也比以前每件至少低许多。此外，在款式上，他也时刻留意夜市上的商品，保证自己的商品不跟别人重样，“款式好，就卖得快，就能再上更新的款，这是个良性循环。”这样用心经营，他每天的利润又比兼职时上了一大截儿。

现在，他已经在夜市旁边租了一家门面，晚上出夜市，白天看店。“下一步我打算上线，开个淘宝店，但肯定得再雇人手。”王建成说：“以前摆摊儿是为了糊口，现在是真的有成就感了，房都买了，哈哈……”

你需要具备的：

1．几千到上万元的启动资金。

摆地摊儿不同于开店，门面租金方面可以省去很大的成本，所以你只需准备摆摊儿时的用具，如挂衣服用的架子、运货的推车等等，剩下就是进货的成本，所以启动资金相对并不高。

2．能吃苦的耐力。

摆地摊儿一般在晚上进行，5点多夜市开始前要把摊位摆好，到9点多甚至10点夜市散了才能离开，所以多少有些黑白颠倒。而且要想做好，就要有丰富的货物，每天运货、出摊儿都是力气活儿，遇到风雨天或是大冬天，在室外条件很艰苦。

3．良好的沟通能力。

要做生意，必须能满足不同顾客的需求，和客人聊得来，这样除了能靠商品吸引顾客外，还能通过情感维系顾客，形成“回头客”。

职业提醒：

1．不要贪多，经营品种专业化。

对于最初摆地摊儿的人来说，往往容易形成一个错误的认识，就是卖的花样越多就越能招徕人，其实恰恰相反。卖的花样多可能会吸引来人，但是大家大多是看看，顾客挑不到自己想要的，就难有成交。所以，最重要的还是抓住某一类商品，做到“专业”。

2．不要以自己的“喜”“恶”为转移。

尽管你可能有着良好的品味，但一定要了解你所在的市场中人群的口味，依照他们的喜好来上货，否则的话再好的东西，大家也很有可能不认。

3．学会“斤斤计较”。

对于摆地摊儿来说，利润就是从一件件商品中出来的。在卖商品时，顾客们势必会讨价还价，这个时候在定价上大都会给顾客留出一定的砍价空间，而你在让步的时候要提前设定底线，总的来说就是一场“谈判”。

4．创新营销方式。

现在的”摆客“，尽管正逐步向大学生、白领等人群过度，但大部分仍是文化水平较低的人群，在营销上基本没有太大的新意，如果营销上有创新，可以进一步打开市场。

职业跳级：

最初为降低风险，快速回本，可先选择摆地摊，等积累一定资金后，可以选择一家店面，经营层次稍高一点的商品，同时同步拓展线上业务，多方面拓展销售渠道。

总评：

地摊客随处可见，但是这个不起眼的行当可能大多数人并不留心，可能对他们总体的印象就是穿着简单，吆吆喝喝，但他们是真正不显山不露水的“隐形富豪”。现在，在夜市上我们越来越多地发现有人开着私家车摆地摊儿，甚至有新闻报道夫妻俩开着 SUV 卖小吃，这些人其实大部分都是都市白领，选择这样一个兼职充分说明了摆地摊儿利润的吸引力。其实要做一个好的摆客没那么难，但也没那么容易。如果不对周围市场需求有深入了解的话，即便是受过高等教育的人，也未必会做的比普通小贩好。而且，要做这一行，必须放下身段，踏踏实实的干，吆喝叫卖、笑脸迎客都不能含糊。

业余摄影师，赶快把爱好变现吧

人物故事：

都说摄影穷三代，单反毁一生，可这句话对秦君来说并不适用。专业单反、高清镜头，一看这身“行头”，恐怕是个人都会觉得眼前的这个小伙儿铁定是个摄影“败家子”，但事实恰恰相反。尽管时下玩摄影的人一般都是投入多，产出少，但对于秦君来讲，摄影既是兴趣，也是糊口的技能。

“最初接触摄影，纯粹是因为爱好，没想到可以用它赚钱。”大学时，出于对摄影的喜爱，秦君加入了学校的摄影协会，几个志同道合的同学在一起交流，而协会里的相机就是他入门的工具。对摄影越来越喜欢，也就越来越渴望有一个自己的相机，于是大二时他东拼西凑了几千元，买了一台微单。“在上学的时候那可不是个小数目，为了赶紧把钱还上，我就整天捉摸着怎么赚点钱。”

不久后的一次同学聚会上，秦君摆弄着自己的得意之作给朋友看，并且当仁不让地当起了聚会的“首席摄影师”。“来给我的网店拍宣传照吧！”——正当大家谈笑风生，夸赞着他的技术时，传来了这样一个声音。原来是一位开网店的朋友，想请他做摄影师。“你可以先试拍几张，如果效果可以的话咱们价钱好商量。”秦君原以为只是开玩笑，听到这样说倒也觉得是个赚钱的门路。

“虽然基本的技术具备了，但是毕竟淘宝摄影没接触过，不太了解它要的是什么样的风格。”于是，他浏览了大量网店商品图片，由于朋友卖的是服饰，他便注意研究如何通过摄影让模特儿来衬托商品，突显出商品的艺术感。一通恶补之后，秦君将自己的作品发给了朋友。可能是他参考了商品广告大片的缘故，所以拍出来的东西避免了很多淘宝照片山寨的气息，朋友看后十分满意，付了他300元。这下子，秦君可以说一战成名。当时淘宝正迅速发展，所以周围有不少人都在开网店，再加上朋友推荐，一下子有不少人都来找他，而他拍的东西也越来越杂，从衣服到日用品，从桌椅板凳到零食，五花八门。“大家觉得我拍的图片有气质才来找我，为了不砸牌子，我每次都得花不少心思。”每次接单子，他都要根据商品的特点，选择合适的场景和拍摄角度，在展现商品功能的同时突出美感。就这样，一个月下来他总能接到十几单，有时换季商品大批更新的时候最多都有20多单，不但可以生活费完全解决，盈余的钱完全可以再配更好的设备。

不过秦君的胃口可没有停留在“温饱”上。“当初接淘宝的单子只是想玩儿票，没想到收入还不错。赚得多了，想要的设备也更高了。”于是，他开始寻找更多的机会。淘宝的单子虽然收入可观，但是工作量太大，毕业工作后他的业余时间变少，只能靠晚上和周末，精力根本跟不上。最后，他盯上了婚礼跟拍。“婚礼一般都在周末，正好时间比较合适。一场婚礼下来，少说也能赚到1000元，好一点的将近2000元。”这样一来，一个月通过摄影赚的钱有时比工资还高。

“其实摄影找对了路子来钱还是很快的。像一个工作室，一套普通的写真收费一两千元，婚纱写真一般都得上万元。我现在也开始尝试着拍写真，等积累够了资金和经验，可以跟人合伙开个工作室。”

现在秦君手上的设备早已经从最初的50D变成了价值几万元的专业设备，从原先的淘宝宣传到现在的专业写真，他在赚钱的过程中也一步步地练就了专业的技能。而摄影也逐渐从最初的业余爱好变成了他职业规划的一个方向。不过，他并没有忘记最初的摄影理想。空闲的时候，他还是会经常采风，拍些随性的照片。“我梦想能出一本自己的画册，现在赚钱也算是为梦想提供支撑。”

你需要具备的：

1. 一台价位3000元左右的单反。

一般来讲，像淘宝摄影师这样的工作不要求设备十分尖端，一台价位适中的单反相机就可以满足拍摄需要。当资金不断积累后，可以在设备上升级，同时进行对技术与设备要求更高的工作（当然这样的工作回报也更高）。

2. 过关的摄影技能。

一般来讲，不管是拍商品还是人，都会有不同的表现要求，在进入不同领域前要先熟悉其要求和表现风格。此外，最初简单的“活儿”可以凭借较为过硬的业余技术，但如果要进一步发展，获取更高的回报，就要不断强化摄影技能，向专业化发展。

3. 一定的照片处理能力。

一般来讲，各种摄影作品大都会或多或少进行一些后期处理。在进行摄影时，如果能掌握一定的照片处理技能，拍出来的作品往往更能接近顾客的要求。

职业提醒：

尽管做业余摄影的人一般在技术上都比较过关，但是对于业余摄影爱好者来说，摄影是一项兴趣，在接受兼职工作时，就要在某种程度上放下一些自己的艺术性，考虑顾客比较现实一些的需求，不能太“清高”。

职业跳级：

对于普通摄影爱好者来说，如果摄影技术比较过关，可以先从比较简单的摄影工作干起，像淘宝街拍、商品宣传等，慢慢接触更为高层次的摄影工作。当技术逐渐过硬后，可以建立自己的工作室，即使资金不够，也可以与他人合作，以自己的技术和他人的资金共同操作。

总评：

时下很多人都怀揣着背着一架相机走遍天下的梦想，但是这样的梦想需要不菲的资金支持。对于摄影爱好者来讲，设备花费高，但又没有太可靠的收入途径，成为他们的一大尴尬。尽管大部分摄影热衷者最终的梦想是出一本自己的画册，但是且不说出画册的难度有多大，即使出了也大多是看得多买的少，而那种靠一张照片就能卖几万元的作品更是少之又少，所以也有不少人开始寻找更接地气的途径。现在不少人都将自己的摄影作品传到图库中，这种方式既可以随性拍自己想拍的，又能有一定的收入，但是收入一般不多。但收入比较可观的工作难免会与自己的摄影理想有一定差距。摄影爱好者们不妨先通过较为现实些的工作获得一定的物质保障，来支撑理想。

街边羊奶现挤现卖，月入过万

人物故事：

“咩……咩……”济南居民区的街边，一群人簇拥在一起，不时传出几声羊叫。

“这羊奶怎么卖呀？”人群最外边的一个人撑着脚，大声问了一句。

“10元一斤！”人群中间的老板娘爽快的回答道。

“太贵了吧。”

“师傅，我这可是现挤现卖，掺不得任何假的，一斤奶，够一家子喝的……”

这个在人群中张罗的中年妇女叫吴菊香，是这个羊奶摊子的老板。她蹲坐在三只羊的旁边，双手娴熟地往袋子里挤着羊奶。“好了，下一个！”只见她将挤好的羊奶递给等在旁边的大妈，又接着招呼下一个等待的顾客。

“我家小孙子现在正长身体，听人说羊奶比牛奶还好，我每天都给他买一斤，他喝不完的我和老头子就喝，一个月了还真是觉得身体结实了不少。”“就是，别的不说，眼看着挤出来的没有什么添加剂，喝着放心。”两个正在排队等待的老人不由得聊了起来。眼见不一会儿时间，便卖出去十几份。

吴菊香是这个小区周围有名的羊奶老板娘，每天下午4点，她都准时牵着三只羊，在小区街边现挤现卖羊奶，这样简朴的买卖方式，周围的居民倒是十分买账，每次她来前总会有老主顾已经等在街边，听到她的羊“咩咩”叫后，居民们更加陆陆续续来买。

两年前，吴菊香开始卖羊奶。最初，她并没想当生意做，只是自己随便养了一只羊，供家里人喝，有时候喝不了，便分给周围邻居一些。最初邻居们只是“尝尝”，渐渐地便上了“瘾”，主动到吴菊香家要买。见羊奶这么受欢迎，吴菊香变灵机一动，想着不如多养几只羊，专门做羊奶生意。她把这个想法告诉了家人，得到了家人的支持。“我儿子一听完就说靠谱，他跟我说现在城里人都很关心食品安全，牵着羊当街挤着卖，大家肯定喜欢。”

于是她便一气养了6只羊，除了专门的饲料外，还时常牵着羊到野外“加餐”。由于吴春香的家住在郊区，离市区还比较近，每天牵着羊走20分钟就能到，还算方便。“最开始我牵着羊走在路上，大家都看我，我自己也知道在市区里这样是挺怪的，不过也管不了了。”她盘算了一下，大凡喝羊奶的都是老人孩子，就把地点选在了一个小区附近的街边。“卖羊奶啦！现挤的羊奶啦！”万事开头难。为吸引客人，吴菊香扯着嗓子叫卖起来。这一叫，不止大人们被叫卖声吸引，不少小孩也好奇地围着羊直看。

“给孩子买一斤吧，有营养啊。”

“来一斤吧”。

渐渐地，吴菊香的羊奶打开了门路。为让大家喝的更放心，她专门让儿子帮她上网查了羊奶的好处，发现羊奶不仅营养丰富，相比牛奶它更容易消化吸收，而且女性喝了还能延缓衰老。了解了这些“专业”知识，她逢人便讲，为大爷大妈们普及知识，也顺利地把自己的羊奶推销了出去。考虑到大家不喜欢羊奶主要是接受不了它的味道，她便在摊位旁边立了块牌子，写上羊奶除味的方法，又时常带着青草，给山羊补充“体力”，边喂边说：“我有空就牵着羊到野外放，这样出来的奶营养高。”这样的“营销”，生意怎么会不好。

现在吴菊香的羊有 4 头产奶，平均每天能产 30 多斤，每斤 10 元，一个月就有一万多元进账。现在她的羊奶基本上处于供不应求的状态，每天产多少就能卖多少，即使老主顾也不能便宜，因为羊奶的产量实在有限。

“其实每天蹲在那里低着头，一挤就是两个多小时挺累的。夏天还好，冬天实在太冷，羊都冻得受不了，一遇上刮风下雨更难受。”现在，吴菊香已经积累了一定的顾客资源，为了增加效率，她已经开始尝试上门送奶。“现在还是先到街上卖着，等订奶这块儿逐渐稳定了，我就争取都往那个方向发展，不用每天这么辛苦了。”吴菊香一直想要扩大生意规模，可是每天三只羊她已经很累，所以想到了通过客户预订、上门送奶的方式，能更加合理的安排时间，扩大养殖规模也就不成问题。现在每当有人去她那里买羊奶，她便把自己的名片给人家。“以后产量大了，又不沿街卖的话，关键就是得有足够多的人订了。”

你需要具备的：

1. 几千元的启动资金。

一般来讲，比较优质的母羊价格大概在 600 ~ 900 元之间，从最初小规模开始，买羊再加上其他琐碎花销通体来讲投入不会过万。

2. 合适的饲养场地。

对于这个创业实践来说，资金投入量并不大，但是奶羊的饲养场地比较困难。由于羊奶的购买者大都是市区居民，如果选择农村，则距离太远，即使是预定送货也很麻烦，要街头现挤现卖就更加不现实，但在市区内又难以寻找可以养羊的地方，所以最好在离市区不远的郊区寻找饲养点。

3. 吃苦耐劳的品质。

在街头现挤现卖羊奶，既要照顾到顾客，又要看护好羊，十分费心。平日里，夏天烈日当头，冬天在室外也要光着手挤羊奶，是件十分辛苦的工作。

职业提醒：

1. 做好卫生工作。

对于新鲜羊奶，绝大多数人认可它的营养价值，但也会对它的卫生问题存在质疑，如羊奶中是否有细菌、挤羊奶的过程是否卫生科学等等，这种情况下除需要向大家解释清楚鲜羊奶的正确饮用方法外，还需要在操作的过程中注意清洗、佩戴手套等。

2. 诚信经营。

人们青睐现挤羊奶就是因为它的安全放心和高营养价值，所以在奶羊的喂养上更要注重偏重天然性，避免药物、激素等的使用。此外如果业务达到一定规模开始预订羊奶时，尤其注意不能弄虚作假，出现兑水等行为，否则很快便会失去顾客的信任。

职业跳级：

可能多数人最初选择街头羊奶现挤现卖是处于糊口需要，但等到一段时间后，通过一定客源和信誉积累，可以选择将规模做大，通过预订投送的方式，不断扩大客户群，而这个时候就需要在客户开拓上下功夫，不能仅依靠口口相传。

总评：

选择街头羊奶现挤现卖看似是一项剑走偏锋的买卖，但是越是新奇的东西往往越容易火爆。其实这种方式在当下社会是十分讨巧的。现在人们不断关注健康，而奶制品方面大家也开始从单一的牛奶转而关注羊奶，但更为幸运的是当前市场对羊奶的开发并不多，这就是商机所在。另一方面，现在各种奶粉、奶制品事件，让大家对食品安全非常敏感，所以羊奶街头现挤现卖让大家对其安全问题很大程度上比较放心，所以这种形式首先就比较接受，如果再在销售手段上花些心思，生意要好并不是难事。

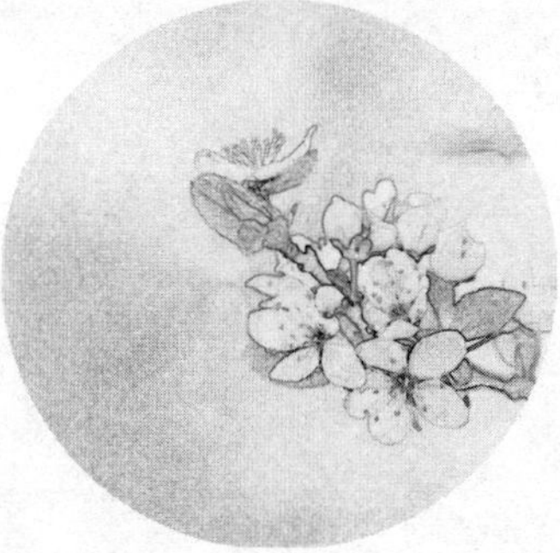

第二章

电子商务：
永久免费的新兴平台

GRASSROOTS
ENTREPRENEURSHIP
100
WAYS

网上卖果汁，要的就是新鲜

人物故事：

韩小姐原先就职于一家电子商务网站，也就是人们所说的白领。她周边的同事和自己都有一个爱好，那就是总喜欢在每天下午吃些零食，喝点饮料什么的。因此每天下午3点多的时候，便有了一项自己和同事们“集体采购”的活动，久而久之，韩小姐意识到：既然都市白领都喜欢吃零食，如果做一家能提供即时配送零食的电子商务网站，会不会也有巨大商机？但是现在物流行业这么发达，很多零食都可以在网上买到，自己办公楼下就有来伊份、星巴克等消费场所，所以要想有所收获，就必须得与众不同。

一天逛街时，韩小姐偶然喝了一杯街边的果汁，果汁是现场榨出来的，新鲜又健康。她立刻意识到鲜榨的果汁既美味又时尚，新鲜果汁里的各种维生素和其他微量元素对长期面对电脑辐射，时不时还熬夜加班的白领们的健康来说也很有益。

但是心思细腻的韩小姐并没有急于着手操办，她先在自己同事和周边的朋友圈里做了个调研，其中75%的人认为如果价格合适而且果汁质量有保证，肯定会购买。随后她又上网搜索了一些相关信息，发现鲜榨果汁利润丰厚：比如一杯不添加水和糖的380毫升的鲜榨橙汁需要大约5个橙子，其中成本不超过6元，而市场零售价超过20元，其中利润相当可观。

于是韩小姐请朋友进行了市场需求与成本核算，并雇用了3名送货员，随即将她的网店挂了出来。人们在她的网店订购鲜榨果汁或者甜品，位于北京五环以内就能在1个小时内送货上门。由于起初做的只是一家很小很小的网站，没有什么推广成本，只能在楼下给行人送一些广告单。不过，网站营业额攀升很快，自打上线后，第一个月的营业额就达到了2万元左右，除了所有的成本开支，仅第一个月韩小姐的纯收入便超过了3000元。

随后半年以来，订单在陆续地增多，生意好的时候一天甚至会有100多单，这样一来三名送货员根本不够用。韩小姐开始考虑把她的网店扩大规模。于是在三元桥、国贸、望京等白领和海外留学人员聚集的商圈开了分店，请了几个好朋友前来帮忙打理，并支付他们工资。结果发现收入并不如预期的那么好，一个月下来几个地方的总营业额达到了6万多元，但自己的实际收入还不到1000元。

经她仔细分析后，发现问题还是出在订单方面：因为有的顾客只订购一杯果汁，那就需要一位员工上门送货，如果同一时间段零散的订单增加，那送货员必须增加，这样除去人员工资后，并不会因为规模增大就产生更大的效益。韩小姐和几位朋友仔细研究了这些顾客情况，对一些顾客做了相关的调查，发现鲜榨果汁生意的市场需求还是很大的，只不过那些零散的订单让她的网店处于一种不上不下的状态。

于是韩小姐和几位朋友商量决定将网店转型，主要做企业大客户100元以上的订单，可以提前预定，不收快递费；针对长期购买的个人会员提供配送服务。由于自己本身就是白领，这样在白领圈子里宣传起来也很方便。随后又推出了同一公司的团购活动，这样便能将零散的顾客集中起来。

经过一系列的调整后，网店果然大有改观，在随后不到半年的时间里，韩小姐的纯收入已经达到近10万元了。于是韩小姐毅然辞去白领工作，专心从事现在的果汁营销。

“下一步我会考虑做APP，并且扩大规模，把网店做成公司，毕竟有这么大的消费人群和市场潜力。虽然前面的路还有很多的未知因素，但是现在不趁着年轻闯一闯，以后哪有这样的勇气和精力呢。”谈到自己未来的事业发展时，我们从这位年轻的都市女性身上看到更多的是坚毅与勇敢。

你需要具备的：

1. 几千元的创业资本。

用于购置原材料和相关仪器制备。

2. 做好跑腿的准备。

如果你起初有足够的资本的话，可以雇上几名业务员，专门负责送货，但如果启动资金不足的话，恐怕就得亲力亲为了。

3. 便捷的网络信息资源。

这就需要具有一定的人脉关系了。如今通讯交流十分便捷，建议通过微信、陌陌等社交软件进行同城圈子的宣传。

赚钱是有技巧的：

1. 新鲜有保障。

选择购买鲜榨果汁的消费者，一般都比较注重高质量消费，所以他们图的就是一个新鲜健康。因此千万不能用浓缩果汁勾兑，也不要添加各种食品添加剂，只有具备了优等品质，才会渐渐地吸引他们成为熟客。

2. 产品不要过于单一。

虽说这个项目的主要产品是果汁，但是也不能只卖果汁，可以附带售卖一些甜点零食，这样顾客有吃有喝，你也能增加收入。另外果汁方面也可以考虑做复合型的，比如果蔬结合，这样既营养又健康。

3. 要有优质货源。

零食方面可以和网上的经销商合作，前期生意规模不大的情况下可以在超市水果摊上购买，一旦生意有了一定的规模就需要联系当地的水果商了，在保障水果新鲜优质的前提下尽量长久合作，这样可以降低成本。

风险规避：

你需要对你本地的消费水平做一个大致的评估，毕竟这个项目的消费群体是定位在中高端消费者。其次前期需要做好宣传工作，如今社会并不缺好的产品，只缺好的促销手段，如何将你的产品推销出去是最为重要的问题。最后需要做好水果的采购与库存问题。

职业升级：

生意具有一定规模后可以考虑分点销售。如果一个城市比较大，如果同一时间有了大量订单，而且人手不够的话就会难以及时将货送达，这样就会失去顾客的信誉度，后面的生意就难做了。以每名送货员 15 分钟一笔订单计算，当每小时订单数超过 5 笔的话，那么就需要增加别的送货点了。

总评：

随着现代社会人们对营养和健康的不断追求，鲜榨果汁以其新鲜、健康、口味天然等优点，使其在饮品行业的前景不断增加。所以如果能结合当地消费水平，并且做好宣传工作，这样的产品在市场的竞争中可以有着比较好的机会。

另外这样的项目也可以考虑做成实体店的形式，不过不适宜只做单一鲜榨果汁，可以和水吧、奶茶店等相结合。将店面开在商业街、购物中心等效果最好，店面不必太大，五六平方米即可。要突出鲜榨果汁新鲜健康的特色，不要让消费者认为这只是一杯解渴的饮料，那样没有人气也没有价位。

一般每杯果汁的价格，依据季节、水果价格变化等而变化。通常这样的街边果汁店，单纯的果汁在春夏季每月可获利 8000 元左右，秋冬季要差一些，但也可获利 3000 ~ 4000 元。

投资几百元，开一家属于自己的饰品店

人物故事：

小杨是一名在校大学生，同时也是一个漂亮的姑娘，那一头乌黑的秀发，更是让人过目不忘。“我自己平时就喜欢买些头花、小夹子啊什么的，过一段时间就要买，有的时候，就算手里还有的用呢，也想要买新的，然后特别看到那种新奇的啊，样子特别的啊，不管自己是不是真的需要，也会买回来，反正都不贵。”

小杨一边说着，一边拉开了宿舍的抽屉，里面没有别的，林林总总的都是发卡、头花，真算得上是琳琅满目。“我自己愿意买这些东西，买着买着，我就觉得，这些东西其实真的很有市场的，你看这一个头花，其实成本根本就没有多少的，算起来，可能一元钱都不到呢，拿出去卖呢，几元钱，十几元钱，几十元钱都有，大家可能觉得还是很便宜，愿意买回来。”

自从有了这个念头以后，她就想着自己试开一家网店。网络店铺的创业门槛非常低，不像是实体店，光是租店面，就要耗去许多成本。所以小杨觉得，网络商铺对于她来说是十分合适的，她只要把店开起来，平时只要拿着手机上网销售，就一点不需要担心耽误其他的事情，生意、学习两不误。

不过小杨作为一个大学生，还是十分谨慎的，她开始担心没有生意，便把自己买到的一些发饰图片放了上去。

布景、拍照、写文案，小杨忙的不亦乐乎，很快她的网络商铺就开了起来。小杨担心没有生意，可是很快，她的店铺浏览量就攀升了上来。

“只要有人看到，里面肯定有人会买的！”就是抱着这种朴素的信念，小杨一直坚持着，慢慢的有人跟她咨询，几周之后，小杨得到了第一笔订单。

“当时我真的觉得挺激动的，没想到这么低的成本，就做起生意来了！”

第一笔生意的成功，让小杨信心倍增。她觉得，自己这么喜欢饰品，肯定有人跟自己一样，饰品的市场前景一定十分的可观。她觉得自己的审美还是可以的，便渐渐的开始通过批发市场等渠道订购自己心仪的商品，然后通过包装搬到自己的网上商铺。

可是另外一个问题出现了，网上商铺里的商品，同质化现象太严重了，你能够拿到的货品，别人也能拿到，甚至价格比你的还要低，这样自己怎么能有优势呢？

“既然货品相似卖不出去，那我就让我的商品变得不一样。”从那个时候开始，小杨又买了一些小工具，小丝带啊，小挂饰啊，她自己买一些基础的饰品，然后按照自己的想法，对小饰品进行加工和改造，让它们一个一个都与众不同。

“其实这耗费不了多少时间，我有这个兴趣，后来我发现，生意真的就好起来了，大家都不喜欢同质化，有特色的东西更能吸引大家。”

小杨的饰品店刚刚开张时，投资只有几百元钱，靠着特色经营打开市场以后，她每个月都有最少1000元钱进账。

“我也是女孩子么，最了解女孩需要什么，喜欢什么了，只要抓住大家的小心思，然后做出特别的东西来，大家肯定喜欢呢，我跟客人在网上聊天的时候，也会聊起来一些时尚话题什么的，很有意思。”

一个黑色的皮筋，一条紫色的缎带，一支玻璃胶，在小杨的巧手下，一分钟就成了一个漂亮的蝴蝶结头花，成本一元钱都不到。“如果批量进货的话，这样一个头花，可能也只要两三元钱。”小杨一边摆弄着一边说道。

在网上店铺，这个头花卖到10元。

“还有啊，服务和物流都要跟上呢，不然大家会心急，一心急可能就不买你的东西了。”小杨笑道，她只有一些朴素的生意经，不过都是成功的关键。

你需要具备的：

1. 良好的货源。

既要保证质量，还要保证成本低廉，同时要兼顾流行时尚程度。

2. 树立自己的特色。

网络商城竞争激烈，商品同质化严重，想要在其中脱颖而出，拥有自己的特色和另类商品很重要。

3. 做好店铺维护。

在网络商铺中，消费者无法直接触摸到商品，因此好的图片解说、漂亮的网店外观是吸引消费的重要手段。同时也要做好物流和售后保障。

赚钱是有技巧的：

1. 诚信经营。

经营网上商城，消费者除了看商品图片，就是通过与店家沟通获得商品信息，饰品类商品，客人喜欢或者不喜欢的主观成分更重，千万不要为了卖出货品而欺骗顾客，因为你虽然卖了一件货品，赚了一些钱，可是你不仅有可能失去现在的这一个客户，还有可能失去他周围的潜在客户和你店铺的信誉。

2. 专业态度。

要对自己的产品足够的了解。客人有意向购买你的商品，她会问你还有没有其他颜色？这个款式跟另外一种有什么不同？我想要如此可不可以？如果其中有一个问题你解答不出来，是不是就减少了成交的几率呢？所以平时要多了解自己的产品，饰品算不上生活必需品，装点心情的成分更多，为了客人的好心情，我们对任何一个问题，都应该有一个专业完整的答案。

3. 耐心热情。

网上店铺，跟客户的沟通必不可少，大家都不愿意去一个冷冰冰的实体店铺买东西，网上店铺更是如此。重视与客户的耐心沟通，让他们时刻感受到你的热情和周到。做饰品生意，可以同买家聊聊时尚，聊聊他感兴趣的事物，这样就不仅仅是在做生意，而是在做朋友，这样的生意会做的更加宽广。

风险规避：

对于任何一家饰品店，经营者的重要素质便是有着比他人出众的审美观。饰品表现的是魅力，饰品的经营者如果审美观一般的话，饰品店就很难经营下去。

职业进阶：

生意具有一定规模以后，可以考虑树立自己的店铺品牌进行经营，以此来与其他店铺商品进行区别划分，同时多多进行网络宣传，执行折扣、搭配销售等经营策略，增大自己的销量和知名度。

总评：

女人对美的追求从来没有停止过，所以饰品永远有市场。正是因为如此，市场中的商品同质化现象严重，具有独特的审美观和特色产品就显得十分重要。

网络商城，门槛低，投资少，是初步创业人的不错选择。但是细节仍然不能够忽视，好的店铺装饰，照片拍摄，还有好的物流，细心热情的服务，也是创业成功的重要因素。

一件小饰品的进价只需要几元钱，如果是自己原创饰品，可能成本更加低廉，而上架出售价格会翻五到十倍，利润十分可观。网上饰品店运营成本十分低廉，不需要大量的库存，也省去了租金成本，不分热淡季，常年可以保持稳定的盈利。

网上卖野鸭，一年赚2万

人物故事：

小王是农业大学的学生，学习的是养殖技术。很多人觉得，上大学学了这个，以后这不还是要回到农村去，才能够学有所用，那还读什么大学，以后还是老农民一个。

不过小王他一点都不在意别人的这种微词，他知道，作为一个大学生，一定能够给农村注入新的活力与创意，所以大学一毕业，他便毅然回到了农村老家，开始了他的养殖业。

小王的老家山青水秀，十分适合野鸭养殖。全村都在进行野鸭养殖。小王也运用自己的专业知识，一方面帮助村民进行养殖，另一方面也向老农户讨取养殖经验。

经过了半年的时间，小王觉得时机成熟，便开始建造了自己的鸭舍开始养殖。

他饲养的品种，是美国绿头野鸭，这种野鸭肉质鲜嫩、味美可口、脂肪较少，是传统的滋补食品和野味佳肴。这种野鸭生长速度快。70日龄平均体重可达1.2千克，5个月左右开始产蛋，年产蛋150枚左右。商品野鸭市场价每千克不下20元，销路十分广阔。

“刚开始，村里的人挺不理解的，觉得我一个大学生，好不容易走出了农村，上了大学，学习了知识，然后从学校毕业了，又回来做农民，感觉都浪费了。爸妈也挺不理解我的行为。我刚刚开始那段时间，压力确实特别大，我妈整天在我耳朵边上唠叨，确实有点受不了，但是我知道，创业阶段，这个是必须的，而且我有法宝，就是想用这个来证明，我的学可没有白上。”小王一边说着，一边憨厚的笑笑。

小王说的这个法宝，就是电子商务，他把自己的野鸭店搬到了网上，让全国各地的人都能够看到自己的产品。

“建立一个专门的网站，用不了多少钱，我从建立到维护，大概几千块钱，我还找了大学学这块的同学，方便了不少。”小王说道。

小王的野鸭推广网站刚刚建立起来的时候，他也害怕会没有销路，不过天性乐观的小王抱定了这样的一种想法，如果网上没有效率，我就按老办法卖嘛，万一要是成功了，那我就赚到了。

一这样想着，小王就放下了心理负担，开始大刀阔斧的干起来。他的这个网站，只要客户想要，可以通过网站直接下单，方便快捷。同时小王忙着联系物流，打通销售运输网络。

“以前我们这儿吧，有鸭贩子来收鸭子，有时候我们也自己送到镇上去卖，现在我建了这个网站，想把东西卖到全国各地去，这个物流也是很重要的，要是鸭子送到了，死了或者卖相不好了，客户肯定不愿意。”

小王通过比较，与一家大型物流公司签订了合同，如果需要运送野鸭，物流公司会专门派车来小王的村里，帮助他送货。

“这一套东西都弄完了，我就直等着生意上门了，其实心里也挺忐忑的，不过后来看看，其实生意还是蛮好的。”

电子商务的方便快捷，使得大家都十分喜欢这种形式。小王还不断的在网站上进行宣传。以前通过鸭贩子买鸭的客户，现在可以直接从小王的网站上订购了，价钱合理又方便，很快他的第一笔生意就来了。

“其实做第一笔生意，真是挺紧张的，毕竟以前计划了那么多，想了那么多，能不能真正的运行起来，还得实践检验啊！”

第一笔生意做的很顺利，小王的网站也通过口耳相传拓展开了。

“现在，村里人都愿意把鸭子放到我的网站上来卖。大家现在都说，大学生就是不一样，我听了挺高兴的，我知道，自己的书没有白念，我就是做农民，也是新型农民，我得带着大家一块致富呢。”小王说道这里，又不好意思的笑了起来。

2016年，小王通过网络商城里卖产品，净赚了2万元钱。小王觉得，随着市场和客户的拓展，他会带着他们村里的人，走上越来越宽广的致富之路。

你需要具备的因素：

1．几千块钱的网站启动资金。

建个网站只需要两三千块钱，也可以请专业的设计公司进行设计。如果不想自己建立单独的网站，也可以依托成熟的电子商务商城开店。

2．基础的网络营销知识。

网上开店也需要有许多技巧和方法。例如，产品海报设计，产品文章撰写，竞价排名方法，这些你都要熟练掌握和应用。

3．坚韧的品格。

在网上卖农副产品，一方面自己要负责生产，另一方面要负责销售，吃苦耐劳的精神是必不可少的。

赚钱是有技巧的：

1. 做好宣传推广。

一个新的网站，往往知名度不高，特别是农副产品的销售，想让客户认可你的销售方式，就必须要做好前期的宣传工作，这样才能在竞争中脱颖而出。

2. 运输有保障。

农副产品卖相十分重要，由于网络交易，客户无法在第一时间看到商品，所以在运输的过程中，尽量避免产品发生损坏、磕碰，要有坚固的包装，要选择可靠的物流公司。

3. 做好产品升级。

积累一定客户的时候，可以考虑对产品进行二次加工，从售卖初级农产品到深加工农产品，进一步提升产品价值。

风险规避：

农副产品受自然环境、生长周期影响较大，在开设电子商务过程中，一定要考虑到农业自身特色，合理安排业务。

总结：

如今，市场变化多端，农民们想要让自己的农产品卖上个好价钱，除了不断提高自己的产品质量，还得在销售途径上开动脑筋，开一家网站进行销售，就是个不错的选择。

网上商城，面对的市场更加广阔，可以让自己的产品卖到全国各地甚至更远的地方。通过网络销售，积极拓宽销售渠道，可以有效解决农产品难卖、销售渠道单一的问题。

当然，想做好网络销售，好的物流服务是基本保障，在开设网上商城之前，一定要打通销售的物流环节，否则可能会遇到下了订单却无法送货的尴尬局面。

网上卖土特产，越“土”越赚钱

人物故事：

小赵是一名 90 后，虽然生在农村，但是从小被送到城市亲戚家读书，平时喜欢旅游，足迹遍及祖国大江南北。

一次，在云南旅游时，他吃到当地深山里农家自己喂养的黑土猪肉，十分香嫩，肉味鲜美。架不住肚子里馋虫的诱惑，回来前，他还软磨硬泡的向当地农户买了几斤黑土猪肉，带回城里亲戚家品尝，大家都赞不绝口，纷纷抱怨小赵买得太少，实在不够解馋。

这次经历在小赵脑子里留下了很深的印象。毕业后同学们都纷纷绞尽脑汁忙着四处投简历找工作，小赵却心里有了自己的小算盘：既然深山里的猪肉和其他食材都如此鲜美，自己家又在山里农村，何不在网上开一家土特产品店，把这些深山里的无污染美味卖到城市呢？

毕业以后，小赵回到家里，与父母一番商量，大家都觉得他的想法新颖大胆，极具可行性。但是大家担心小赵刚刚大学毕业，并没有太多社会经验，草率创业恐怕很容易失败。小赵看出父母的忧虑，微微一笑说，这些年寒暑假我一直在外面旅游，其实已经积累了很多社会经验，许多事情我都可以很妥善地处理好。何况网店运营并不需要太多成本，即使创业失败也亏不了多少钱。

父母看到小赵言谈成熟，又如此坚决的想开网店，便只得暂时将疑虑抛到一边，一心帮助小赵与当地农户联系货源。当地农村土特产品丰富，经过小赵父母的一番鼓动，许多农户都答应为小赵网店供货。

货源虽然很轻易的解决了，可是另一件事情却难住了小赵。当地深处大山之中，物流十分落后，在城市快递只需要两三天就可以到货，但是这里货发出以后，却往往要七八天才能送到顾客手中。

这件事情让小赵苦恼不已，他找到当地物流公司，希望当地公司能够每天来取货，以提升物流速度。但是当地物流公司认为单为小赵一家每天送货，成本实在太高，无法盈利。

在苦苦失眠了几个晚上以后，小赵突然想到了办法。他在上学时交友广泛。这些同学绝大部分都生活在城市，很多长这么大还没有吃过山里的纯天然野味。他决定挨个的在QQ上告诉朋友，自己目前在开网店出售山里的土鸡、土蜂蜜等，希望朋友们能尝尝鲜，照顾照顾生意。

小赵平时人缘很好，这些朋友听说小赵出售山里土特产，便纷纷来捧场。由于都是熟人，对山里物流比较慢十分理解，在尝到小赵出售的蜂蜜和土鸡等“土得掉渣”的农产品后，纷纷赞不绝口。由于小赵平时严把质量关，这些土特产口味纯正，两三个月之后，随着口口相传，他的网店顾客越来越多。他已经可以轻松的在网上卖东西，每月收入五六千元。

快递公司看到小赵发货量越来越大，也开始主动安排车子每天进山收货。这样一来，物流时间大大缩短，更为小赵吸引了一大批陌生顾客。

随着时间推移和顾客口碑的积累，目前小赵已经可以实现每月在网上卖土特产收入一万多元。在谈到以后的打算时，他希望能够开发出更多有特色的土特产，同时注册商标，成立公司进行品牌化运营，让家乡的土特产，变成全国性的名优品牌。

你需要具备的：

1．几千元启动资金。

用于安装宽带、购置电脑、并且储备一定的货物。

2．有特色、天然的农产品供货渠道。

在网上卖土特产品，最重要的是产品味道鲜美，天然无污染。只要你能找到稳定优良的土特产品，时间一长，自然酒香不怕巷子深，为你带来滚滚客源。

3．方便的物流。

一直以来，物流都是制约网上土特产品经营的重要因素。在准备开网店卖土特产品时，一定要把物流作为极其重要的因素考虑。例如土猪肉、土鸡等，往往都容易因为物流运输时间过长，造成变质，影响到网店信誉。

赚钱是有方法的：

1．在城市里的熟人很重要。

城市里的亲戚和朋友，由于较少买到土猪肉和野生蔬菜等，会对这类味道鲜美的土特产品抱有浓厚兴趣。这时候维持好与他们的关系，邀请他们购买，通过他们的口碑宣传，是为你突围、打开市场绝佳的选择。只要你的产品具有特色，且味道鲜美纯正，必然会为你吸引来源源不断的客流。

2. 产品的选择很重要。

土产品必须味道鲜美，且极具特色，否则就无法与城市日常普通食品形成差异化竞争。产品的口感，也直接影响着整个网店的销量和长远发展，因此选择产品必须慎之又慎。

3. 店铺装修很重要。

土产品网上店铺的装饰，必须要以简洁、素雅、自然为主。太过华丽繁琐，会影响到客人的第一感官，降低顾客的购买欲望。

职业小贴士：

农产品在装包发货时，必须检查包装质量，防止产品变质。在天气炎热时，更要充分预估保质期，以免发生食品安全问题，造成无可挽回的影响。

总评：

近年来，随着人们消费水平的逐渐提高，各种土特产以其天然绿色、无污染的特点，日益受到都市人群的青睐。

环保是当今时代的热点，近年来层出不穷的土特产正适应了这一主题。这些土特产不仅因其安全、原生态、无污染受到人们追捧，还因为土特产能够勾起人们浓浓的童年回忆，因此土特产的销售大有可为。

传统的销售模式因为土特产出产地交通不方便、市场信息不流畅等原因，土特产业一直无法做大做强。但是互联网时代给了我们新的机会，在网上每个人可以公平及时的分享到商业信息，借助现代物流，只要你能开发出极具个性化的产品，并在绿色天然和营造商品怀旧氛围上做足文章，必然能够开拓一片广阔的市场。

网上卖“蕲艾”香，一年卖到2000万

人物故事：

蕲艾，是湖北蕲春的一种特产中草药，用蕲艾制成的艾条熏、烫穴道，可以起到治疗风湿、活血化瘀的作用。

这种本来在当地世代习以为常的中草药，却因为一个叫张军明的小伙子匠心独运，变成淘宝网上最畅销的产品之一。

28岁的张军明在开网店卖艾条前，他卖过衣服、鞋子等，都以失败告终。在经历屡次失败以后，他开始反思，不能再这样四处“打游击”了，必须从小做起，持续培育品牌，才能获得成功。

一次，他在网上看到有人卖艾条，销量不错，便萌生了在淘宝上开店卖艾条的想法。他在网上经过查询得知，中国最出名的艾条来自李时珍的故乡——蕲春。当地出产的艾条气味芳香浓郁，药效远甚其他产地的艾条。

为此，他专门去了蕲春一趟，在当地联系好艾条的进货渠道，开始经营网店，正式在网上卖艾条。最开始进的一批货，凭借着网上详细的药效说明，以及与其他产地艾条的对比，销量十分不错。

但是过一段时间以后，问题很快出现了。由于其中一批艾条的原材料不好，遭遇买家的大量退货，这批艾条让张军明一下损失了两三万元。

经过这次的教训，张军明痛定思痛，决心把网店办公地址直接迁移到蕲春，以便能够严把质量关。同时，他虚心向当地艾条制作师傅求教，经过几个月边经营网店边学习，他终于知道了该如何鉴定货源，以及识别艾条原材料的产地，并在艾条生产的每个环节，都严格督促控制质量。

解决了质量问题以后，张军明的艾条销量大幅上增，没过几个月就进入淘宝同类产品店铺月销量排行前十位。张军明并没有因为这一成绩沾沾

自喜停止不前，相反他意识到要想实现网店的长远发展，便必须具有品牌意识。只有大力培育品牌，增强消费者对网店的忠诚度，才能保证网店在长远的市场竞争中立于不败之地。

为此，他找专业的广告设计公司，为其经营的艾条设计了卡通品牌形象。他还开通微信和微博，积极听取消费者的意见，不时与消费者互动，并在节日赠送礼品，以此给消费者留下良好印象。

经过这一系列的举措，当年，他的网店销售额一举达到2000万元，成为淘宝网上最受热捧的艾条品牌。

在谈到自己成功秘诀时他说，合理的营销和精准的顾客定位，才是保持网店在竞争中长盛不衰的法宝。艾条是养生产品，通常由年轻人上网购买给老年人使用。因此他在经营中主打“孝心牌”，开发出10多个针对老年人需求的系列产品，以保证顾客在逛其网店时不会“空载而归”。

由于张军明的出色品牌营销，目前蕲春艾条几乎成为了淘宝上上等艾条的代名词，各种仿冒张军明品牌的艾条层出不穷。他用自己独到的眼光和智慧，终于通过小小的艾条，在网上卖成了“千万富翁”。

你需要具备的：

1. 一台可以上网的电脑，几千元创业资金。

网上开店具有启动资金小、进货少、无需过高门面费用的优点。在网店经营初期，你只需要一台可以上网的电脑，另外投入几千元钱，用于进货、网店装修、网上营销等。

2. 耐心和承受挫折的能力。

许多人在刚开网店时，由于信誉度不高，往往面临几天甚至几个月没有顾客的状况，这时需要我们有耐心，积极寻找战胜挫败的方法，为自己创造机会。

3. 必要的中医基础知识。

艾条属于传统中草药制成，主要通过熏烫穴道来刺激血液的循环，达到改善病人身体状况和养生的目的。这时你必须了解一些基础的艾条药效知识和熏烫穴道的方法，以此给买家贴心的指导，并给买家留下专业细心的印象。

赚钱是有方法的：

1. 详细的图片和描述会为你的商品增加印象分。

艾条目前在网上已经很多，产地也是五花八门。蕲艾在网上消费者中具有较高知名度，这时在添加图片和描述时，便应该留心。应该拍摄一些蕲艾在原产地的生长、加工制作过程图片，如何鉴别真假蕲艾等的描述和图片，从各个侧面尽可能让消费者对店铺产生信任感，从而实现商品成交。

2. 前期网上宣传很重要。

如今网店成千上万，许多网店之所以几个月就倒闭，非常重要一点就是忽略了前期的宣传。目前网上有许多专业的淘宝营销公司，只要你选对公司，肯花上一些钱，专业营销必然会为你带来大量客流。

3. 选择便宜可靠的进货渠道。

艾条属于薄利多销的产品，这时候注意选择价格相对较低、正宗的蕲艾供货商就显得尤为重要了。否则即使前期工作做得再好，顾客购买产品后发现是伪劣产品，大量的中差评可以轻易毁掉一个前期运营良好的网店。

风险规避：

艾条为中草药，一般使用的病人体质较弱，这时必须注意蕲春艾条的储存和保质期，防止艾条受潮以及变质，以免造成事故。

总评：

蕲艾是目前淘宝上比较热销的中草药之一，不可避免存在着店铺过多，竞争激烈的状况。但是只要能够在前期注意店铺运营中的每一个细节，重视营销，必然能够走出一条差异化的道路来。

从张军明的故事中我们可以看到，做生意必须实现精准化的顾客定位，同时能够针对顾客的深层心理需求，制定合理有效的营销手段，打造和塑造品牌，才能把一个不经意的小本生意做大做强。

网上卖永生花，为爱情“保鲜”

人物故事：

鲜花象征着爱情，因此年轻情侣之间常常会通过送花表达爱意，但是传统的鲜花往往在摘后几天就会枯萎凋落。那么有没有一种花会像爱情一样长盛不衰呢？答案是有的。浙江一名叫武云的学生，就无意中发现了这种保存时间长，不会凋谢枯萎的花，并将卖这种“永生花”做成大买卖，轻松实现月收入过10万元。

武云是浙江大学一名大三学生，今年21岁。两年前的情人节，武云打算送一束花给女朋友，可是想到送的花几天就会枯萎，便又觉得毫无创意。这时候他突发奇想，有没有一种花能够常开不败，象征爱情的天长地久呢？

带着疑惑，他通过网络搜索，发现网上现在流行着一种“永生花”，这种花采用特殊的工艺制作，使用玫瑰、康乃馨等品类，在经过工艺处理后，外形和新鲜花卉无异，但是保存时间可以长达两年以上。

这个发现让武云兴奋不已，世界上真的有这么神奇的花吗？如果能长期保存，送给女友必然会让她觉得高兴不已。带着将信将疑的态度，他找到一家卖永生花的网店，花了600多元钱买了一盒送给女朋友。女朋友虽然十分高兴，但是对花能否保存这么长时间也半信半疑。等到过了半个多月发现鲜花仍然一如初送时，这才感叹这种花的神奇。

武云通过网络搜索了解到，这种永生花的制作工艺诞生于2008年，源自国外，最近一两年才被引入我国，属于新鲜事物。而且对比各家销售永生花的月销量，武云发现，这种永生花目前在网上普遍供不应求。

在了解到这些信息以后，武云决心自己开一家网上花店，专门销售永生花。他通过网络找到几家供货商，经过反复对比选择了其中一家作为供货商。一开始，他一个人从事网店运营，从客服、鲜花搭配、打包到发货等。

由于网上卖永生花的网店相对较少，经过一番营销和宣传，武云的网店很快吸引了不少年轻人购买。这时他开始聘请了3名客服，两人打包发货。经过半年的运营，他每个月的营业额就已经达到数万元。

有了几个员工，武云开始将网店放手交给员工运营。自己则埋头钻进书本和网络里，寻找各种关于永生花的制作工艺资料，通过几个月学习，他终于能够制作出漂亮，且储存时间长的永生花了。

学会制作永生花以后，武云不再网上采购已经制作好的永生花供货，而是自己到花市上买来鲜花搭配制作永生花。这样一来，花店每卖出一盆鲜花的利润大大增加，武云每个月纯收入能达到几万元。

在做好网上花店的同时，他还开通了微博。许多光顾过他花店的顾客成了他微博的粉丝，他经常会发送一些如何经营爱情的微博，并且随时与粉丝互动。通过微博作为情感纽带，许多买过他花店永生花的顾客，又介绍其他熟人前来购买。

在谈到未来的打算时，他还准备在杭州开设一家永生花的实体店，将这种新奇的花店从网上“移植”到现实世界中来，让更多人了解永生花，以开拓更广阔的市场。

你需要具备的：

1. 两万元启动资金。

永生花的成本较高，每盒进价为几百元，需要预留进货资金一万元。

另外一万元用于添置桌椅、购买永生花的包装盒，以及网店的初期营销费用等。

2. 细致耐心和心灵手巧。

客人购买永生花多为送礼用，因此在与顾客沟通时，应该耐心细致地了解顾客喜好，为顾客做好花色搭配。在永生花的包装上应该牢固，避免永生花在运输中出现折损。

3. 了解和分析信息的能力。

永生花属于新鲜产品，目前市场上供货商良莠不齐，且多为直接从网上进货。因此在网上进货时，需要慎重选择，注意查看商家的信誉，以及其他进货商户的反馈。如果在前期不好判断货源，可以加入一些永生花的卖家群，通过向其他卖家咨询，寻找到较好的永生花供货商家。

赚钱是有方法的：

1. 店铺装修有讲究。

永生花店在网上店铺装修方面，主体色调和氛围应该以时尚浪漫为主。同时在店铺装修上应该渲染永生花寓意着爱情的长久不败这一主题，从各种细节着手，诱导顾客的购买欲望。在店铺的装潢上，应该尽量选择专业的淘宝店铺装修公司，体现自己的理念，以便获得满意的店铺装修效果。

2. 商品包装大有学问。

永生花多为送礼用，因此应该尽量购买比较好的外盒做为包装。漂亮大气的外盒可以让受礼人获得良好的感观，有利于积累顾客好评。好看的外盒，也可以提高商品价格，实现利润最大化。

3. 附送小礼品，吸引订单。

人都会有贪便宜的心理。在卖永生花时，可以附送几件便宜漂亮的小礼品，以诱导更多顾客下单，同时可以增加顾客对店铺的好感，赢得好评，吸引回头客。

4. 玩转微信微博营销，培养回头客。

在顾客购买永生花时，可推荐其关注店铺微信公共帐号或者微博，获得一定优惠。获得一定粉丝后，可以定期发布一些关于花语、爱情、生活智慧类的信息，及时与粉丝互动。通过社交媒体的沟通，可以有效增强顾客对店铺的信任度，吸引回头客。

职业进阶：

1. 在前期运营步入正轨以后，可以自己搜索资料和请教业内师傅，学习花色搭配与工艺制作。在熟练掌握永生花的制作工艺以后，可以自己在当地市场采购鲜花进行制作，这会让你的进货成本大幅降低，利润大幅上涨。

2. 永生花属于新奇产品，目前并不广为人知。如前期网店运营良好，可以在大学旁或者年轻人比较多的繁华商业区，租门面开实体店销售。实体店有利于永生花的展示，能够吸引更多人了解这一商品，时间一久，必然能够为你带来滚滚财源。

温馨贴士：

永生花属于易折物品，因此应该选择一家认真负责的快递公司。永生花在包装时多做防护，避免在运输中造成物品损失。

总评：

永生花的工艺诞生于荷兰，是国外中产阶级情人节送礼首选，近一两年引入我国以后，迅速在大中城市悄然风行。永生花目前网上商家相对较少，且大多销量可观，因此适合及时进入这一市场创业。

从武云的故事中我们可以看到，他并没有仅仅局限于了解新奇物品，更善于从一些新奇物品中敏锐嗅察到商机，并能及时借助互联网分析利弊，从中做出理性的抉择，把小小的网上花店做成大生意。

其实这个世界从来不缺少成功的机会，缺少的是天马行空的思维以及竭力发现机会的眼睛。只要你在生活中时常怀着一颗不甘平庸之心，能够不断从琐碎的世界看到他人没有意识的机遇，生活迟早会为你开启一扇幸运之门。

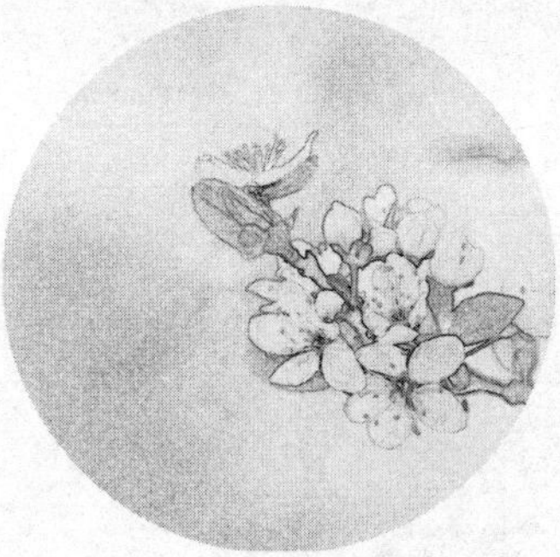

第三章

日化服饰：女性消费的购物天堂

GRASSROOTS ENTREPRENEURSHIP 100 WAYS

“胖太太”服饰，服装市场的呼唤

人物故事：

“因为我自己就是个胖子嘛，所以我知道，市场需求是很大的，而且啊，往往胖人出去买衣服，多少都有点不好意思的，我就想，要是我自己开一家店，专门给爱美的胖姑娘提供衣服什么的，肯定生意很好。”小艾一边说着，一边爽朗地笑了起来。

小艾是个姑娘，是个胖姑娘，身高165厘米的她，体重已经有小二百斤了，这曾经让她十分的苦恼，但是她说自己就是这种容易胖的体质，喝凉水也会胖的那种，所以有时候她也很羡慕那些瘦瘦的女孩，能够穿上漂亮的衣服，可是自己，能找到件可以穿的都不那么容易。

“哎呀，你说，哪个姑娘不爱美啊，我也爱美啊，但是你看看我，一身的肉什么的，穿什么都好像是要撑裂了似的，这个肉勒在身上啊，跟那个火腿肠子似的。”小艾摇了摇头，看了看自己身上的一身肉，此刻她身上正穿着自己店里的衣服，看起来舒服而又得体。

“也想减肥啊，但是真是久治不愈啊，有一阵确实是自暴自弃了，商店都买不着衣服，被别人那种眼光看着，也挺难受的。”

对于女孩子来说，夏天逛街本来是一种享受，但是对于胖女孩们来说，因为身材臃肿，穿着紧巴巴的衣服，显出身上一身赘肉，频频引得周围人侧目，实在是件难堪的事。市场上那么多漂亮的衣服，可是在瘦人身上的婀娜多姿，到了自己身上，却俨然如一场灾难。看到喜欢的衣服穿不上，或者穿上了不好看，绝对是围绕在胖女孩身上的永恒纠结问题，在这当中，还要接受他人的目光，对胖女孩来讲，简直就是双重的折磨。

从那个时候开始，小艾就动了开一家胖太太服装店的想法，她觉得，胖子不只她一个，胖子也有追求美丽的权利，所以，开一家专门面向胖姑娘的服装店，一定受欢迎。

小艾从学校毕业以后，就在自己的老家租了一个店面，取名“胖姑娘”服装店，专门卖特体的服装，给那些身材胖胖的女孩子。

“我觉得吧，大家进了我的店，一看我是个胖子，首先这个心理就放松下来了，以前我去服装店什么的，有时候就觉得导购员什么的眼神怪怪的，也可能是我的心理作用吧，就觉得怎么样都不自在。然后你说你衣服也穿不进去，找了最大码还穿不进去，别说别人看着了，我自己都看不下去。所以我觉得，我开一家专门给胖人的服装店，首先绝对能做到想客户之所想，特别是我这种面向胖人群体的生意，更加应该照顾他们的心理状态。就这个方面来说，我这个胖人去做胖人的生意，还是蛮对口的。”

虽然开个服装店并不容易，但是只要肯钻研，就一定会有收获，小艾一直都坚定着这个信念，所以她的服装店门面虽然不大，但是在装修、宣传上都下了很多的功夫。

小艾在进货上也做足了功课。因为她觉得，胖人穿衣服，有时候为了能买到合适的，可能就不太注重样式什么的，以能穿上为前提，而搭配啦、美观啦，都是其次。但是小艾觉得，自己的服装店的衣服，不仅得让胖姑娘们能够穿的进去，还得让她们穿上以后美美的。所以她在进货的时候，更加重视的是美观、遮丑，让胖姑娘们也可以展示出她们的风采。

为了这个追求，小艾专门联系了当地的一家服装厂，专门给自己生产服装，而她则参考了网络上的一些样式，甚至自己动手设计一些图样，发送给厂家，然后批量生产。

“我知道大家想要什么样的东西，以前买不到合适的，现在我自己弄，绝对符合客户需求。”

小艾的店铺就这样风风火火的开张了，她还做了很多套装的搭配，可以发挥最大程度遮丑作用，很多到她店里的人，都直接会买走一整套。很多客人都说，以后小艾的店，就是她们的定点服装店了。

店铺经过口耳相传，生意越来越好，很多都是回头客，还有朋友介绍来的，小艾还跟其中的很多人都成为了朋友。

“以前吧，我们说很多事情，别人都不一定能够理解，很多都是只有胖子才能体会的，现在我认识了这么多跟我一样的人，大家有共同语言，真的。”小艾说着，脸上露出了心满意足的表情。

胖人虽然体型特殊，但是这一部分的人群数量并不少。随着生活水平的提高，胖子越来越多，但是却不那么容易找到自己合适的衣服，所以，开设一个专门为胖人设立的服装店，一定会大受欢迎的。

你需要具备的因素：

1．实体门面。

你需要一个 30 ~ 50 平方米左右的房子，地点可以选在商业街或者其他人流量较大的地方。

2．情感上的沟通。

胖人服装店，市场定位恰当，还要注意顾客都是胖人，更需要理解顾客的心理，照顾胖人的自尊心。

3．服装选择下心思。

胖人的服装也可以多姿多彩，可以多选用柔软透气的麻、丝等面料的衣服，既轻盈又时尚。而在色彩上，也不必拘泥于暗色调，只要搭配得当，也可以有别样的风采。

赚钱是有技巧的：

1. 建立自己的顾客档案。

因为肥胖者算是一个特殊的群体，通过建立自己的顾客档案，定期与老客户联系，比如订购了新货，有了新款式，都可以与他们交流，从而建立固定的消费群体。

2. 多多进行宣传。

可以在人流量多的地方进行宣传，传单发给了瘦子也没有关系，相信他们周围也会有一两个胖子朋友的。

3. 特殊的型号。

可以重新命名服装型号，避开“XXL”“XXXL”这种表达方式，照顾肥胖人群的心理自尊，增加成交机会。

职业跳级：

店铺有了一定的客户积累之后，可以考虑进行特体制作，根据客户的要求为其量身定做衣服。胖人作为特殊群体，他们的要求往往更加的多样化，可以根据肥胖部位的不同，定做全新的服装款式。

另外，店铺做大以后，可以将业务转包给其他的服装店，进行连锁品牌经营，从而扩大影响，提高销量。

总结：

现如今，国内国外的服装品牌很多，但是却很难找到为体胖女性专门制作的服装，如果能够有一家店，专门售卖胖人的服装，不但能够让她们找到合适的服装，还能够让她们有逛商店的感觉，同时照顾她们的自尊，一定会很受欢迎。

在我国，胖人服装店还是一个市场的空白，而且胖子的衣服利润空间往往比普通的服装更大，往往是普通服装的1～2倍。胖太太服装店虽然瞅准了市场空白，但是在满足消费者需求上，更加需要下足功夫，要提供既合适，又要显瘦的衣服，确实不容易，因此必须要在正规厂家特别订做，甚至要自己设计，而且服装要有型、透气，在色彩上也要多下功夫，这些都是开店需要注意的部分。

瘦身零食，在美丽与馋嘴中赢得利润

21岁的小方还是一名大三的学生，但是她却通过自己的努力积攒了至少10万元的资本，另外每个月还有至少5000元的稳定收入，比起其他每月拿着父母生活费的大学生来，她已经算得上是“白富美”了。那么她的收入从何而来呢？这还得从她的一项爱好说起——零食。

两年前刚进大学校门的小方和很多女孩一样，都是一枚不折不扣的“吃货”。小方平时也喜欢网购，因此常常网购一些零食来解解馋。但是年轻爱美的女孩们基本都会纠结一个问题：既想吃零食来过过嘴瘾，又不希望因此而发福。因为很多零食都是高糖分高热量的。而不管小方怎么吃零食，她的身材总是那么苗条，总是吃不胖，这让周围很多女孩们都羡慕不已。

时间一久小方就开始琢磨了，要是能找到一些吃不胖的零食该多好啊。自己身边有这么多馋嘴的女孩，可见市场很大；现在网购这么方便，特别是年轻人也喜欢在网上买零食；网上的那些零食铺子一般都很笼统，没有这样针对性网店，这样看来里面似乎有着很大的商机。

于是小方通过在网上搜索，自己也翻了一些书籍，弄了一套“瘦身零食”出来。比如，喜欢吃炸薯片而又怕长胖的女孩，小方就向她们推荐烘烤薯片；喜欢吃水果奶油蛋糕也怕发福的姑娘，小方就把水果酸奶酪介绍给她们。小方筹集了3000多元，购进了这些商品暂时存放寝室，同时还多准备了一些坚果、豆干、凤爪之类的鲜辣食品，这样的零食含糖量不高，吃再多也不容易发胖。她兴冲冲地在淘宝上注册了一个零食小店，为了保证食品安全，这些产品都是正规厂家的品牌零食，接着她便在各大论坛上发帖宣传她的小店。同时在本校也印了一些宣传单页，本校可以享受免费送货上门的服务。一个月下来，小方所进的第一批货已经全部卖完，她把收入清点了一下，乖乖，整整赚了1000元！

看到情况大好的小方立马购置了第二批货，同时有空就去各大网站看看哪些零食是最近热销的，了解更多的市场行情，从而保证自己的小店能不断地添加新品。很快这些产品又被抢购一空。就这样运作了大半年，等到小方上了大二，她每月的纯收入已经基本稳定在2000元左右了。

为了更好地留住那些熟客，小方给那些老顾客办理了可享受9折优惠的会员卡。另外还在一些节假日进行抽奖活动，给一些在她的小店消费过的顾客们免费送去各种零食。这些促销手段让她小店的人气更是大涨，一年下来的销量高达15万元，纯利润超过了5万元。

但是上了大三，小方的学习任务开始重了起来，于是她雇用了自己的一位好友充当助手，自己只负责接单订货，那些收货发货以及本校送货的事让好友代为操办，支付给她相应的提成，这样工作学习两不误，而她小店也因人气的不断积累，每个月给她带来至少5000元的收入。

“现在我还是得以学业为重，不管怎么样一定得保证顺利拿到毕业证书。至于后面毕业了我会考虑把这个店扩大规模的，到时候再看看吧，要是我找不到什么好工作的话，在我们学校附近开个零食店也未尝不可嘛，呵呵。”谈到自己零食店未来的发展时，这位年轻可爱的小姑娘轻松而愉快地说着。

你需要具备的：

1. 几千到上万元的创业资金。

用于购置各种零食货品，如果考虑开实体店的话，还需支付门面房租。

2. 善于交流的能力。

要把顾客当成自己的朋友，多多和顾客讨论一些有关零食方面的话题，一方面有利于培养熟客，另一方面也能掌握他们最新的口味，知道那些零食是最近受人喜欢的。

3. 便捷的网络信息资源。

如今通讯交流十分便捷，在同城可以通过微信、陌陌等社交软件进行同城圈子的宣传，也可以印发一些宣传单页，网络上可以在各大论坛发帖做广告，力求广而告之，让更多的人了解你的小店。

赚钱是有技巧的：

1. 前期宣传很重要。

现在各行业的的竞争都相当激烈，除了要用物美价廉的商品去吸引顾客外，还必须有到位的前期宣传工作，得让更多的人在第一时间认识到你，这样才能让自己的小店在众多店铺中吸引到顾客的眼球。

2. 货源需要有保障。

进货费用是这个项目最大的资金投入，因此一定要慎重。选择好的进货渠道，选择好的零食厂家极其重要。本地的食品可以自己跑批发市场采购，如果是外地的特色食品，可以通过网络采购。但是零食店进货一定要保证食品的质量，另外还要种类齐全。市场调查显示，产品种类、数量多的店铺销售业绩普遍好出很多，因为消费者都有一种心理：觉得商店商品越是琳琅满目就越放心，至于真正要买些什么倒还真不在乎。

3. 需要突出自己的特色。

购买零食的消费者大多为女性消费者和未成年人，他们喜欢尝试新奇食品，特别对零食口味，以及食材等十分关注。因此在进货的时，首先需要对女性和儿童的消费心理加以揣摩。其次，良好的外包装也是刺激消费者购买的一大因素。女性和儿童对颜色都很敏感。如果你的零食店里卖的零食都有精美的包装，那么也会让你的产品显得物超所值。最后，单一零食产品的生命周期较短，需要不断地推出一些当下热销的新产品，从而使你店内的产品种类不断变化，来满足消费者喜新好奇的心理需求。

风险规避：

通过网店做零食相对风险较小，但是如果开一家零食实体店的话就不必开在中心商业区了，可以选择在居民区附近。居民区开店，一方面店面租金便宜，二来进零食店消费的顾客一般为中等收入、生活稳定的消费群体，其中不少就是带着孩子来玩的家长，这些正好是零食的消费主力。

总评：

根据中国消费者协会最近的“零食市场调查报告”显示，调查者中喜欢吃零食的超过八成，儿童、学生和年轻白领更是零食市场的三大主力，学生市场消费力较低，但消费量极大；而白领一次消费金额高，且对好吃、流行、包装精美的零食非常感兴趣。在追求闲适生活的今天，零食在整个食品市场占据着越来越大的份额，休闲食品被认为是21世纪的市场热点产品。在今后零食市场上，休闲食品将占据重要之地。

目前国内的零食市场上，外来的洋品牌占据了相当大的比重。随便去一个超市里放眼望去，你能发现几乎有一半的产品是洋品牌或打着中外合资的旗号。比如在饼干产品中，一些美国的品牌，纳贝斯克的趣多多、奥利奥、嘉顿、奇宝等就很受消费者的喜爱。在巧克力产品中，德芙、费耶罗等洋品牌也是占据了绝对的主导地位。

外来洋品牌零食相对于传统零食来说，最大的优势在于其口味的与众不同。好吃是外来零食能够在零食市场中迅速站稳脚跟的最大原因。但是外来零食的价格相对于传统零食的价格来说要贵一些，这是其不利的因素。目前有很多洋品牌零食的生产都是在国内进行的，即“国外品牌，国内生产”，价格也因此降低了不少。所以如果要很好的迎合消费者口味的话，那么需要适当的购置一些洋品牌零食。

成本低利润高的童装店

人物故事：

王小姐的女儿今年刚满一岁，如果不是自己当了妈妈，她也不会知道，童装产业蕴含着这么大的商机。

她的创业故事，是从婆婆的一句抱怨里产生的。

当时她刚刚生了宝宝，还在家里坐月子，孩子慢慢大了，就需要准备衣服。婆婆做了几套衣服，但是老人年纪大了，王小姐见不得老人辛苦，而且衣服样子也实在是太普通，甚至有点土了。作为新时代的辣妈，王小姐觉得自己的宝宝得穿的美美的，不然都不好意思晒照片了。想到这里，她就对婆婆说，咱们家也不差这些钱，出去买点现成的就行了。

婆婆照顾她和宝宝平时确实已经很辛苦了，觉得出去买现成的确实省心省力，便听了儿媳妇的，直接出去找店铺买衣服。

可是，婆婆自己出去转了一天，竟然没有买到一件合适的衣服。

“我婆婆当时就跟我讲，她转了一天，都没有找到合适的，童装店倒是有的，但是没有给那么小孩子穿的衣服呢，好不容易在几家店里找到几件，要不然就是料子不好，要不然就是陈年旧货的，你说，那么小的小孩子，抵抗力都很弱，得用最舒服最好的料子才行啊。”王小姐说着。

这只是一句普通的抱怨话，可是王小姐却从中听到了商机。她在家里坐月子，有着大把的时间思考，她把婆婆遇到的问题发到了她加的妈妈群当中，原来很多新妈妈都遇到了同样的问题。

买不到新生婴儿的小衣服，这是新妈妈们普遍遇到的问题。过去对于儿童的着装，特别是婴儿的着装，似乎没有什么要求，随便一个毯子一包就行了。可是现在，妈妈们抱着宝宝出去的时候，都希望孩子能够漂漂亮亮的穿着可爱的小衣服。可是现实当中，却没有一家合适的店铺能够去满足这种需求，要不然大家就是担忧质量问题，所以市场前景很广阔。

王小姐所在的城市是一座二线城市，经济较为发达，童装市场广阔，王小姐觉得如果自己有这种需要，那么会有更多的人跟自己一样有这种需求的。特别是现在她们城市的服装店，对婴儿服装，确实没有特别的专门店，王小姐觉得这是个商业空白，如果自己开一家专门店，一定可以赚钱。

王小姐的想法得到了家里人的支持，丈夫帮她在商业街租了一家店面，王小姐把商品定位在婴儿服装，并且多品牌经营，从各家口碑好、质量好的店铺里进货，做到了灵活经营。款式方面，厂家会做安排，省时省心省力，王小姐觉得，这样特别适合她这样的初次开店经营的店主。

王小姐的店铺开了一段时间以后，她发现，对于婴儿服装，买主更加注重质量和舒适，反而对色彩追求不高，因为家长普遍担心一些染料会对孩子不好。

王小姐也想了想自己作为母亲的担忧，重新调整进货策略，专门进以白色为主的衣服，以此打开市场。

“后来销量好多了，而且婴儿服装，你看用料不多，但是价格却一点都不便宜，大家追求质量高、品质好，价格越贵越放心，所以我当时第一个月就实现了盈利，这个也是我没有想到的。”

王小姐知道，婴儿服装的选购，完全依赖于家长的决策和选择，因此什么样的产品是家长需要的，是她的童装店需要重视的。她觉得，童装行业虽然发展潜力大，但是竞争压力也是十分巨大的，因此她觉得，在保证质量的前提下，需要更加重视自己店铺的品牌形象。专业、品牌的店铺形象，这些也是家长购买时十分看重的。

因此王小姐参考了品牌店铺的装修策略，重新给自己的店铺设计了牌匾和室内装修，从而更好的吸引顾客，提升销售业绩。

赚钱是有技巧的：

1．明确的市场定位。

童装涵盖了0到16岁的年龄段，因此在开店的过程当中，一定要明确市场定位。按照年龄，可以将童装分为婴儿装、1～3岁的幼儿装、4～6岁的小童装、7～9岁的中童装、10～12岁的大童装、13～16岁的少年装。开店时，要根据自己的优势，明确市场定位，商品层次明确。

2．拥有品牌内涵。

现如今的童装市场，正从过去的满足基本的生活需求向追求美观的时尚方向转型，特别是在经济较为发达的城市，消费者对于童装的品牌化、时尚化、潮流化更为追捧，因此在开店过程中，要树立自我品牌内涵。

温馨小贴士：

1．童装更加注重质量、舒适。

因此在进货上，一定要选择口碑好、质量好的品牌童装厂商。许多家长在选购童装的时候，首先要求的是质量过关，因此严把质量关是童装生意的关键。同时儿童喜欢玩耍，应该以休闲宽松自然的产品为主，方便儿童玩耍、做游戏，还有利于儿童身体发育。

2．多做市场调查，突出自我优势。

现如今，童装品牌众多，在开店前要做好市场调查，洞悉市场空白，找到自己的主打产品和风格，切记不要多方涉猎，没有特点，反而造成库存积压。

3. 新时期的儿童自主性更强。

在选购产品时要多从儿童心理进行考虑，特别是城市儿童生活环境优越，因此个性突出、自然时尚的童装更受追捧。

职业跳级：

经营一段时间后，可以将零售升级为礼品销售，将自己的产品进行重新包装，做成礼品套装。特别是婴儿服，大家探望新生宝宝的时候，会十分乐于带上一套宝宝服套装的，既实用又温馨。

总结：

童装市场发展很快，市场需求也在不断的扩大，特别是中国有着庞大的童装消费主体，我国新生儿出生率保持着一定的递增比率，这些都将形成庞大的儿童服装消费市场。

随着家庭收入的提高，现在儿童的服装需求也转入了日常化，一年当中，平日里需要几套衣服替换，过年过节也都需要新衣服，一个儿童一年的需求量少说也有 7 ~ 8 套。而且儿童成长较快，第二年基本又要换新的衣服，因此童装市场大有可为。

自制手工皂，小本赚大钱

人物故事：

手工皂的历史十分悠久。随着时代的发展，现代手工皂更增加了天然、安全、健康、环保的标签，特别是手工皂可以完整的保留甘油成份，保湿滋润的美容效果更佳理想。手工皂的易塑形可以制造多样的外形，很容易赢得广大爱美女性的亲睐。

雯雯是个爱美的女孩，可是她发现，因为工作、玩手机，整天受着辐射，加上年轻人大多都有的熬夜习惯，自己的皮肤开始变得差了很多。作为一个女人，保养是必不可少的，这张脸可是很重要的。

想到这里，雯雯就开始买护肤品什么的，然后自己试着各种各样的面膜。最后她被手工皂吸引了。一般市售香皂是采用高温热制法，皂化过程中分离皂和甘油。甘油价值较高，一般作医药用途，而剩下的皂则混合其他人工化学添加物如人工香料和表面活性剂等制成香皂。手工香皂则采用不破坏营养成分，保留甘油的低温冷制法，制作过程中不持续加热，因此不会破坏香皂中的天然维生素、甘油和精油等成分。手工香皂是纯天然的，没有化学残留，还很环保，温和的成分甚至连婴儿都可使用。

雯雯自己是学化学出身的，对于这个原理一看就懂了，她觉得，制作手工皂其实并不是很难，便开始自己实践起来。

雯雯买了很多的精油、甘油等东西开始制作，不过手工皂需要一定的醒皂时间，制作完成以后，需要一个月才可以用。用了第一块以后，雯雯就彻底的被折服了，因为皮肤真的越来越好了，洗的很干净，而且不紧绷，果然是天然无公害！

雯雯迷上了手工皂以后，觉得可以多钻研几个配方，她开始买不同的油脂做搭配，添加其他美容的成份，不仅仅做洗脸皂，还开始研制沐浴皂、洗发皂。

慢慢的，她越做越多，一块肥皂是可以用很久的，可是制造时间绝对是几何倍增长的。家里人看不下去了，你做了那么多，堆在家里占地方啊，还是卖掉吧。

雯雯开始很不高兴，觉得自己的手工皂没有用武之地，可是后来，她像是突然被提醒了。自己做了那么长时间的手工皂，每一个配方不可能只做一两块，可是做的太多，又确实用不完，用不完就不好意思再做新的。

可是手工皂的效果是很好的，如果真的能够卖出去，不仅可以创收，还能够名正言顺做更多的手工皂，这不是很好么。

雯雯想明白了，就立刻动手。手工皂的成本并不高，但是自己也却实没有什么资金做实体店，所以就优先考虑了网络店铺。

她马上拿起了相机，挑选了效果最好的几种手工皂，开始拍照、上架。

她知道现在手工皂可能还不是十分的热门，便通过各种方法做宣传，认真地做客服，因为手工皂的价格要比普通的香皂贵多了，很多人有兴趣，可是不一定真的购买。

雯雯考虑到这一点，就认真的填写宝贝描述，突出自己的特点，最后慢慢的被顾客认可。

很多用过的姑娘都说雯雯的手工皂很好用，后来买的人越来越多。现在的人普遍崇尚自然，接受手工皂的人也越来越多，回头客也慢慢在积累。雯雯觉得，大家的支持也给她了不断前进的动力。

“其实好的东西，也需要一个不断积累的过程，我现在每个月的销量都有一万多呢，真的挺开心的。”

家里人从开始的不理解，到后来的支持，经常会给雯雯一些好的点子，让她创新新的手工皂。

现在，雯雯已经开起了实体店铺，网上商城和实体店铺相呼应，生意越来越红火。

“我觉得，做生意，好的品质是第一位的，加上适当的宣传，耐心细致的讲解，一定会受到认可的。我现在的生意，虽然跟很多卖家比起来还是小生意，可是我想，只要我用心，坚守好品质，就一定可以做的更好！”

你需要具备的：

1．手工制皂能力。

手工皂，通常称之为冷制皂。作法是先把氢氧化钠溶於水中，冷却至40℃左右，再加入相同温度的适当油脂，一边加入一边搅拌，加完后并持续搅拌使碱与油脂起皂化作用，当搅拌至皂液成均匀胶状时即停止搅拌，然后盖好静放不久即成固体。由於皂本身的化学反应是在常温下进行，不借助任何外力协助，所以需要较长的时间让它慢慢反应完全，因此，手工皂成品需放置一个月以上，等到碱度下降后方能使用。

2．添加多种功能皂。

多种功效性添加物，美白、祛痘、滋润、保湿、淡斑、舒缓，根据各种需求对手工皂进行添加。目前手工皂可以添加植物油、草本、中药材、花水纯露、精华油等100多种不同功能的添加物，可以满足顾客的不同需求。

赚钱是有技巧的：

1．加大宣传促销。

人们接受一种产品需要一定时间，酒香也怕巷子深，因此宣传促销手段是很有必要的。特别的初期创业，知名度还不高的时候，针对手工皂这种概念，更要多多宣传自己的特色和优势，让消费者逐步接受、认可自己。

2．树立品牌。

现代人更加追求健康、环保、时尚理念，对于化妆品更是如此。作为手工皂，更需要通过高质量的产品、优质的服务来逐步赢得消费者的认可，同时需要树立自身的品牌形象，实施品牌战略，以此来区分其他手工皂，成为手工皂品牌中的领导者。

3．网络联合促销。

可以与大型化妆品商城进行合作，将自己的产品作为赠品，扩大自身的知名度。

风险规避：

手工皂的制作过程中需要用到强碱，因此制造过程一定要注意安全。同时配方一定要合理安全，经过检测，否则就会出现事故。

职业规划：

刚开始没有资金的时候，可以考虑开设网络商铺，创出经验和品牌。经过一定的资本积累和客户积累以后，可以开设实体店，同时可以邀请顾客参与 DIY 制皂项目，顾客可以制造自己喜欢的卡通造型，也可以选择自己想要的功能和香型，从而吸引更多的顾客。

总结：

手工皂在国外已经风靡了多年，现在在国内更是掀起了美容的热潮。现在人们追求生活的品质，手工皂不仅仅可以用来洗脸、沐浴，还可以用来点缀房屋，增加生活情趣，极具发展前景。

手工皂的原材料天然、环保，富含甘油，对皮肤有很好的作用。现在一块手工皂的价格从 10 元到百元不等，可供各种层次的消费群体选购，成本低，利润高。

在制作手工皂的过程当中，由于没有添加多余的防腐剂，保质期短，在销售周期上需要特别的注意，同时要根据市场需要随时更新产品，满足顾客需求。

代理化妆品，省心又省力

人物故事：

阿青中专毕业以后，就进入了一家化妆品厂，担任销售工作。在工厂里干了几年以后，突然赶上了金融风暴，工厂的效益很不好，阿青就被列入了裁员名单。

阿青被工厂解聘以后，一直都没有找到合适的工作，待遇好的工作，自己的学历、经验都不足；待遇不好的工作，她也不想做。

就这样过了大半年，她一直都闷闷不乐，最后爸妈的一番话，倒是点拨了她。

“小青啊，不要着急，与其你一辈子给别人打工，不如自己做点小生意啊，说不定就真的柳暗花明又一村呢。”

阿青觉得，父母的话十分有道理，此时的她已经结婚生子，家庭压力也很大，如果自己做点小生意，时间比较自由，还能兼顾家庭，其实也是很好的。就这样，阿青正式迈入了创业的队伍。

阿青考虑了各方面的条件，觉得开一家化妆品代理店挺合适的。毕竟自己的创业资金并不多，多年的工作积蓄，加上家人的补贴，差不多也有几万元钱。虽然资金不多，但是阿青在化妆品工厂工作多年，对这个行业很熟悉，而且自己的工厂曾为多家知名化妆品品牌代工，货源问题就已经解决了。

阿青这样想着，就确立了自己的奋斗目标。下一步就是选择店铺地址了，由于资金有限，她把店铺开在了一条商业街的旁边，虽然不如商业街繁荣，但是人流也不少，租金还更加便宜，况且自己代理的化妆品在中低档，这样的店面更加合适。

店面选好以后，就是店铺的装潢。化妆品店铺，来的大多是女性消费者，因此外观和第一印象十分重要。阿青在化妆品行业浸淫多年，十分清楚其中的门路，便挑选了装潢供应商，装修出自己想要的风格。

店铺的硬件都已经准备妥当，阿青觉得进货更是重中之重的。阿青知道，进货之前，一定要做好计划，什么样的货好卖，可以多进；什么样的货适当进货，并且根据时令进行调整修改。

阿青进货以前，先去市场上转了转，“得看看大家都是怎么卖东西的，特别是很多店铺已经经营了十几年，肯定他们身上有我值得学习的东西，虽然我以前在化妆品工厂里工作，但是开店也确实是第一遭呢，还得多学习。”

阿青总结了一定的经验以后，便开始进货。刚开业的时候，阿青进的货品数量少，但是品种多。她觉得，自己的店铺刚刚开张，必须要给消费者更多的选择余地，进行试销，看看哪一种卖的好，再改变进货策略。

“我觉得，很多东西都是这样的，你必须得试一试，别人的经验也都是摸索出来的，我的路也得一步一步的走。我就发现，周末的人流肯定是最多的，所以我呢，都是在周末集中上新货，这样避免压货，然后等到过年过节什么的，就提前备货，省的到时候大家都大批进货，你搞不到货品。”阿青在讲授自己经验的时候，脸上洋溢着笑容。

阿青觉得，代理化妆品最好的地方就在于，品牌已经有了一定的知名度，自己在宣传上可以省心很多。好的品牌品质好、信誉高、产量又稳定，自己第一次做生意，选择这样的代理品牌成本低，省心省力，十分合适。

阿青把一切都准备好了，店铺就开业了。开业第一天，她开展了促销、办理会员卡的活动，并且在四周散发传单，生意还算不错。

阿青通过办理会员卡，逐步确立了自己的顾客群，并且通过赠送小饰品、会员优惠等措施不断巩固客户。

“我现在的生意已经比较稳定了，我打算雇一个人来推销收银什么的，然后逐步的把自己生意标准化，这样就可以考虑开个连锁店了。”阿青笑着说道。

你需要具备的：

1. 选择代理品牌。

化妆品市场纷繁复杂，选择适合当地市场的、符合自己资金预算的化妆品品牌十分重要。可以通过加盟品牌，或者通过代理网站选择多种化妆品复合销售。

2. 选好店铺位置。

好的位置是生意兴隆的重要条件。你可以根据产品的多少，选择适合自己的门店，并且有一定的库存空间来储存产品。而店铺位置可以选择客流量大的商业街，或者人口密集的小区。

3. 熟知化妆产品和市场。

作为销售者，你一定要了解自己的产品，这样才能在生意上门的时候进行有效的推销。同时你还要熟知化妆品市场动向，及时调整自己的产品，适应市场潮流。

赚钱是有技巧的：

1. 选择包装精美的产品。

化妆品的主要消费者是女性，而女性往往是最为感性的消费者，很容易因为一个好看的图案、可爱的瓶子或者绚丽的标志，将她们打动。因此在选择产品代理的过程中，成功的包装设计能够迅速的抓住女性的眼球，并且能够提升产品的档次、品味，让人们产生购买的冲动。

2. 独特卖点很重要。

现如今的化妆品，从大牌到名不见经传的小品牌，围绕的大多是美白、淡斑、保湿、去皱等等几个功能卖点。而我们在做代理的过程当中，必须具备独特的销售主张，要集中在一个点上，提炼独特卖点，才能够从众多的化妆品当中脱颖而出。

3. 新颖的促销手段。

促销在化妆品销售当中十分常见。化妆品竞争十分激烈，新品上市、提升销量、售卖库存都需要搞促销。常用的促销手段有优惠券、赠送赠品、打折、返现、免费试用、积分等等，因此运用好促销手段，可以保证销量。

风险规避：

女人使用化妆品一定是想要让自己变美变漂亮的，因此在选择化妆品代理品牌的时候，一定要保证自己的化妆品质量过关，无副作用，明确化妆品当中的成份，避免出现意外事故。

职业跳级：

在积累了一定的客源和资金以后，可以考虑扩大店面，开设连锁经营店或者开设网店，同步销售，扩大销量。

总结：

随着人们生活水平的提高，人们对于化妆品，特别是女性对于化妆品的需求有增无减。20 世纪 80 年代前，我国化妆品生产厂家只有 50 多家，年销售额不足 5 亿元，到 1990 年，全国的化妆品销售额也只有 40 亿元。但是，随着我国经济的迅猛发展，我国化妆品市场销售额每年都以 23.8% 的速度增长，销售额高达几百亿元，由此可见，化妆品市场是一个潜力巨大的产业。

虽然化妆品的行业竞争激烈，但是利润空间十分丰厚。代理化妆品，省时省力，但在选择代理化妆品经销的时候，需要详细考察其营销策略，队伍培训、广告宣传等等，选择适合自己的化妆品品牌。

特色银饰店，“民族风” 最炫

人物故事：

深圳的小王本是一名年轻的白领，每年公司有两个长假，收入稳定。工作多年以后，渐渐有了一些积蓄，她却不安分起来，决心摆脱公司职场的煎熬，自己创业，做一名自由自在的小老板。

小王手里有 20 多万元积蓄，本来想开一家国际知名的高档品牌饰品店，跑遍各地高档饰品店总部，她发现各大饰品对专卖店的投资要求都在 35 万元以上。面对着东奔西跑两个多月落得这样一个结果，她不免有些心灰意冷。

失望之下，她决心去云南丽江散散心，到了丽江她却突然发现了一个商机，这里的云南纳西族工艺品卖得十分火爆。她突然意识到：既然少数民族饰品在这里如此火爆，要是移植到沿海地带，会不会门庭若市，生意非常好呢？

旅行完回到深圳，她开始四处寻找民族银饰加工企业。经过一番打听，终于在广州找到了进货的厂家。在广州有两种不同风格的民族饰品，一类是纯粹原始的少数民族饰品、花纹粗矿、造型古拙，另一类是在少数民族风格基础上经过改良的纯银饰品，这一类品种多样丰富，极具青春时尚气息，且多镶嵌着玛瑙、水晶等珠粒。经过再三考量，她认为后者更符合现代女性的审美需求，决定开一家以后者风格为主的民族银饰店。

在选择地址时，她选择了深圳罗湖的一处大型商场。在她眼里，民族银饰要想卖出好价钱，就必须走高端路线。后来的事实也证明了小罗的这一选择是明智的，这个商场由于人流比较大，且顾客消费层次比较高，小罗的周围也都是国际著名的品牌店，她的店子也接风顺水，得到许多人的关注。

虽然开业时门庭若市，可是一天盘算下来，她却发现并没有多少营业额。接下来几天都是如此，这让她感到十分苦恼。她经过几天的细心观察以后发现，多数顾客并不是无法接受价格，而是由于自己进来的饰品并非国际知名品牌，让顾客无法了解其银饰是否具有较高性价比。

明白了这一点以后，面对着周围的不少著名饰品品牌，小王开始耐心介绍自己银饰相较周围其他品牌的优势：“我们的饰品虽然名气没有一些国际品牌大，但是我们的饰品造型更加时尚美观，样式灵活多变，而且这种独特的原生民族风格是其他国际品牌没有的”“在设计上，我们更注重低调奢华，并且在文理雕饰上更加细心，且镀上一层氧化膜，有效防止银饰变脏。

在她不厌其烦的耐心专业讲解下，很多顾客打消了顾虑，生意逐渐有了好转，当月总营业额达到 8 万元。

“饰品的风格是要紧跟时尚潮流的，固守不变便会被市场无情抛弃。”经过一年多的经营，小王把这句话当作自己的营销圣经。原来在最初的半年里，小王的饰品一直为厂家固定的几种风格，尽管生意实现了盈利，但是一直不温不火。

在这之后，银饰界突然流行起了比较文艺时尚的波西米亚风。小王看到生意一直中规中矩，营业额上无法实现突破，便也动起了波西米亚风的脑筋。

她与厂家协商，让其加紧设计一系列的波西米亚风格首饰。当她将设计好的波西米亚风格首饰摆上柜台后，没几天功夫，店内销售业绩大涨，这一个月，她的销售额突破了 15 万元。

在这之后，小王意识到追随时尚潮流的重要性，便订阅大量时尚和奢侈品杂志，恶补时尚功。小店的生意风生水起，业绩逐月增长，她终于彻底实现了做一个自由自在小老板的梦想。

你需要具备的：

1. 20 万元启动资金。

用于租用店面、装修、聘请员工、购买柜台凳椅、铺货等。

2. 出色的管理能力。

银饰店由于投资较大，需要聘请员工，并定期对员工进行销售培训、对员工施以人性化的管理、设立具有激励作用的薪酬制度，这些都对创业者自身的管理能力提出了比较高的要求。

3. 良好的沟通能力。

银饰行业店内业绩的高低，很大程度取决于店内销售者自身的沟通能力。对于商品的特性优势作出充分说明，取得顾客的信任，激发顾客的购买欲望，需要销售者具有良好的沟通技巧。

4. 对时尚的把握能力。

民族饰品虽然造型比较特别，但是往往也会因为进货者对顾客的审美倾向判断选择失误，造成大量滞销。创业者平时应该多阅读各类时尚杂志，提升审美能力，训练培养良好的时尚把握能力。

赚钱是有技巧的：

1. 店址选择有诀窍。

银饰品店的地理位置非常重要，通常应该选择人流量大、市中心、处于密集商圈的地址。如选择在商场内开设时，应该充分考量所在商场的顾客群体消费层次，以及人流量。不能贪图房租便宜，而选择一些人流量过少或者居民消费层次不高的地域，以免因小失大。

2. 经常组织员工参加销售培训。

店内员工的销售能力高低，往往决定了一个民族饰品店的生死。定期组织员工进行系统的销售培训，鼓励员工互相分享销售经验，并且通过培训引导员工反思自己在销售讲解中存在的不足，是决定一个饰品店业绩提升和扩大的基石。

3. 策划营销优惠活动必不可少。

在淡季或者某样饰品因为造型不好，陷入滞销时，应该积极策划优惠活动，来提升顾客的购买欲望。活动可以增加人气，快速拉动整个店内业绩的提升，可谓商家在激烈市场竞争中致胜的法宝。

温馨小贴士：

银饰店由于所摆放货品价值较大，因此要提高安全意识，防范被抢被盗。在店内应该安装多个摄像头，避免出现监控死角。夜间应该有保安值班，以免发生商品被盗。

总评：

近年来民族风格的饰物大肆流行，为时尚界带来了一次又一次眼花缭乱的视觉冲击力。许多都市女性喜欢佩戴民族风格的首饰，展现出自身独特的个性和审美取向。

根据近年来北京王府井等多家商场的统计数据显示，民族首饰屡屡排在首饰消费排行榜前列。这一消费领域由于刚刚兴起，大型首饰品牌尚未来得及转型，因此给广大中小创业者留下了巨大空白市场。

在民族银饰产品进货时，应该选择诚信可靠商家，尽量选择保有民族特点，同时又青春时尚，花纹和点缀多变的样式，不可过分拘泥于民族原生造型。

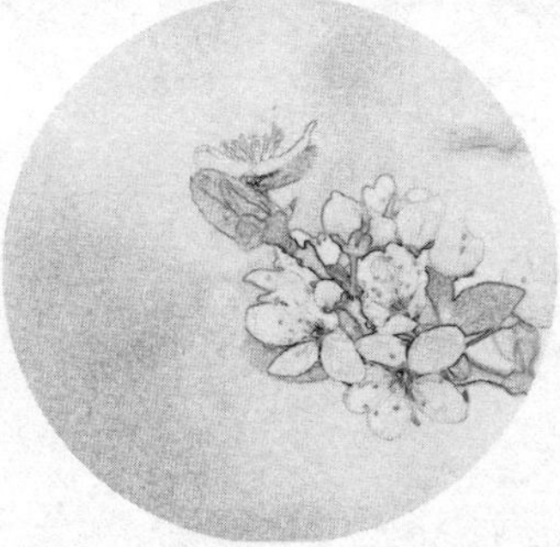

第四章

餐饮娱乐：
久盛不衰的老牌强档

GRASSROOTS
ENTREPRENEURSHIP
100
WAYS

街头 KTV，时尚又赚钱

人物故事：

“苍茫的天涯是我的爱，绵绵的青山脚下花正开……”在人群当中，一位 50 多岁的大叔正唱的起劲儿，下面的观众一齐为他打着节拍，时不时场上场下还互动起来。几曲下来，大叔把 20 元钱交给了旁边老板。

“我还要再唱几首！”

“大叔,您已经唱了6首了,后面还这么多人等着呢,您发扬发扬风格吧,呵呵……”

这个与大叔攀谈的中年男人正是这个街头 KTV 的老板老曹。老曹今年 45 岁，从前年开始将街头 KTV 当成了一项谋生的营生。别看这个 KTV 设备简单，场地一般，但他给老曹带来的收益可是相当可观。

老曹的街头 KTV 看着十分简单，一台液晶电视，两个音箱，一个麦克，基本上就“全活儿”了。每天晚上 6 点钟，老曹准时将 KTV 设备摆放好，打开音响，有时还自己唱上几句，招徕人群。6 点半多一些，人开始渐渐多起来。大家在人群中 high 唱时，他便站在一旁根据需要调音响、点歌，时不时的也跟着节奏身体微微摆动，一直到夜里 11 点，唱歌的人基本上不断。

老曹的顾客多是普通市民和一些城市打工者，由于街头 KTV 的价格远低于室内 KTV，在生活压力不断变大的城市中，这种形式为低收入者提供了一个十分“接地气”的娱乐方式。“去 KTV 里一个小时就要四五十，在这里就便宜得多。我们都是来打工的，平时工作累，想放松一下又怕花钱，这个地方对我们来说正合适。”一个经常过来唱歌的农民工说。

“其实我最初想到要干街头 KTV 也就是觉得它是普通大众玩儿得起的娱乐。”说起缘由，就不得不说到两年前老曹一段不如意的时间。那段时间，老曹在工作上很不顺心，最后索性辞了职。可是四十六七岁，上有老下有小，又不能在家闲着，于是便整天奔波着找工作。可是已经快 50 的人，又没有什么文凭，要找一份合适的工作还真是不容易。一天晚上，老曹正为工作郁闷地走在街头，突然看见不远处围了一群人，正鼓掌叫唱，他便好奇的凑上去看，才发现是街头 KTV。心情正烦闷的他便花十块钱唱了两首歌，没想到顿时觉得轻松了不少。一连几天，他没事的时候就来到这里，即使不唱，在那种放松的氛围下也觉得很舒服。看着那些在周围唱的起劲儿的工人，他突然觉得为什么不干脆自己也干这个呢？

老曹一直觉得自己不是个做生意的料，所以这次的尝试也是小心翼翼。最初为了降低投资，他直接用家里的液晶电视，又花 600 块买了两台音响和一个麦克，这样下来几乎没有什么成本风险。当一切就绪后，他开始了自己的创业生涯，但是一切并没有他在街头看到的那样简单。

最初，他考虑到人流量是生意好坏的关键，于是便在几个居住密集度较大的小区的中间地段选了个地方，没想到非但客流量一般，更糟的是由于 KTV 声音比较大，一到晚上 9 点附近居民就会出来阻止，最后甚至连城管都来了。但是既然开始了，老曹就跟这事儿“轴”上了。“我相信这事儿是靠谱的，因为我体会过，我了解喜欢唱街头 KTV 的人的心理。”老曹坚定的说。经过仔细分析，他发现问题主要出在地点的选择上。尽管他原先选的地方人口密度大，但都不是“有效”客户，因为在小区附近呆着的人多是想要清净的，选择唱歌，而且离小区太近扰民严重，一定会遇到很多麻烦。

几经考察，最后他“转战”到市区的一个广场上，那里离居民区相对有一段距离，而且每天晚上会有很多人纳凉、跳舞，娱乐氛围也比较浓厚。这一次他取得了成功。最初到广场上时，大家都比较好奇，毕竟街头 KTV 还不是随处可见。见此，老曹便亲自上阵，来了几首热歌，现场的气氛渐渐活跃起来。“多少钱一首？”终于有人开始询问。“10 块钱 3 首！”一听这价格，陆续有人开始走上前去。歌声越来越 high，围观的人也越来越多，老曹的生意也开始红火起来。

“干了没多久就赚了好几千元，我直接去买了台新的电视。”老曹兴奋地回忆着。打开局面以后，他的生意越来越好。对于收益，他算了一笔账：每 3 首歌 10 元钱，每晚从 6 点到 11 点（有时甚至更晚），一晚上下来收入最少也得 200 元，多了三四百元也是可能的，白天即使人少，也能有百十块的收入，一天下来怎么也得三四百元，而本钱上除了设备上的原始投资外，也就是十分有限的电费，一个月的收入也差不多过万了。

你需要具备的：

1．3000 元左右的设备投资。

用于购买液晶电视、音箱、麦克等。

2．吃苦耐劳的品质。

街头 KTV 最旺的时候是在晚上 7 点至 11 点之间，所以基本上每天都要忙到深夜。

3．良好的洞察力。

简单说就是对消费人群的特点及心理的把握，只有对其有了一定的把握，才能够在定价、位置选择等方面切实符合这一人群的需求。

赚钱是有技巧的：

1．价格要合理。

对于街头 KTV 来说，其消费群体主要是城市中的低收入者，所以定价不能太高，否则就失去了其最大的优势，但如果定价过低的话就会降低收益，所以价格定位一定要合理，其原理就如同数学中的“抛物线”一样，合理的定价可以使收入达到曲线的最高点。

2. 歌曲选择要亲民。

在刻录歌曲时，切忌“曲高和寡”，要根据街头 KTV 人群的特点，了解他们的喜好，保证这类人群所喜爱的歌曲量充足，像“凤凰传奇”类型的歌，往往会受到偏爱。

3. 地点选择很关键。

街头 KTV 本来是娱民，但若位置选择不恰当就会变成扰民，所以一定要选择离居民区有一定距离，但又能保证人流量的地方，很多公园广场及商业街区比较空旷的地方都是不错的选择。

职业提醒：

街头 KTV 受天气影响很大，如果遇到阴雨天，通常就会“门前冷落”，到了冬天更是鲜有人愿意在天寒地冻的室外唱歌，所以要做好心理准备，如果可以选择季节性从业也是可取的。

总结：

近几年，在城市的街边零星出现了这种“新兴 KTV”，这种娱乐形式有着很强的潜力，原因就在于它“接地气”，能够满足不少低收入人群的娱乐需求。以较低的价格，便可以过瘾的唱歌，同时，喜欢街头 KTV 的人一般都属于性格比较直爽的人群，再加上公众场合，众人聚集在一起，只要稍加带动，很容易点燃气氛，赢得生意。所以，在这一创业过程中，只要有一定设备，选好地点，稍微出一些点燃气氛的花样就可以。总的来说，要有“与民同乐”的思想。

虽然街头KTV实行起来比较简单，但创业者仍要做好心理准备，因为街头KTV多是在夏天比较盛行，当季节一过天气变冷时，生意就会骤然下降，所以若想四季都做，就要解决气候对它的影响。

麻辣串串香，年入50万

人物故事：

傍晚6点左右，路灯刚开始亮，夜色还没有暗下来，济南商业街区旁的“刘记串串香”已经座无虚席。10张桌子，100多平方米的房间挤满了人。不时有人吆喝一声，“老板，结账”，“老板，还有座位吗？”“服务员，加十瓶啤酒”……烟火袅袅，人声喧哗中，人们数着签签，就着啤酒，吃着小菜，三五个朋友胡吹海喝，伙计们也忙碌着，端着菜、酒水在席桌间穿梭，好不热闹。

“刘记串串香”每天晚上爆满。这里的常客大多数是逛街的年轻人，十七八岁到二三十岁不等，有学生、打工者、都市小白领。他们逛街逛累了，想找个地吃吃饭，歇歇脚，经济实惠干净卫生的“刘记”就成了他们的定点饭点。这些人暗地里称 “刘记串串香” 为“西施串串香”，一是这家店的老板是个26岁的小姑娘，姓刘，人很清秀，眼睛大大的，鼻梁高高的，很漂亮耐看，而且声音悦耳动听。二是这家串串香干净卫生。无论什么时候来这里吃饭，总是窗明几净，碗筷放在消毒柜里，串串一串一串整齐的摆放着，让人感到舒服干净利落。三是来这里吃饭经济又实惠。对于普通人来说，基本上6元能吃饱，10元能吃好。即使再加几个小菜，人均也不过20元左右。相对于疯涨的物价，“串串香”是极好的选择。

“我卖串串已经6年了。还记得8年前，我18岁，高中毕业后没考上大学，老人逼着我去相亲。我不想一辈子稀里糊涂，然后就和一个老乡一起来了济南。当时举目无亲，也没有什么朋友。开始的时候我在一个服装厂里做服装，上午7点上班，晚上6点下班，有时还要加班到晚上一二点。身体的劳累，我可以扛下去，但精神的失望让我觉得内心特别无助。两年后的一天晚上，那时我20岁，我又一次独自蜷缩在被窝里哇哇大哭，哭过之后，我告诉我自己，我不想再给别人打工了。迷茫过后，我瞄准了成本低、见效快、回报高的串串。带着积攒的一万多元钱，跟着一个老师傅学习了两个月，然后开始了我的'串串香'之路。"小刘一边讲述自己的经历，一边感慨万千。"其实我也没想到我能有今天这个店铺。刚开始的时候，我在附近租了一间带厨房的房子，每天上午准备食材，下午推着破三轮出去，在街旁摆摊，二三张桌子，20张板凳，当时很累，但每次数着当晚的收入，想着以后会好的，心里就觉得不再那么空虚了，最起码内心怀有光亮。"

小刘和他的丈夫小黄都是重庆人。小黄原是济南一家国有企业的工人，为人憨厚老实，善良可靠。他是小刘这里的常客。谈恋爱前，几乎每天的晚饭，小黄都是在小刘这里吃的。缘分让两个年轻人走在了一起。结婚后，小黄单位的效益不好。然后他就辞职了。两个人将多年的积蓄加在一起，开了这家"刘记串串香"。开店两年后，两人开了第一家分店。按每一串净赚4毛来算，平均一天卖出3500串，净赚1400元，月净利润4.2万元，年收入50万元左右。

"我现在共有3家店铺，扣除房租、工人工资等开支，还能攒下很多钱。2010年我们按揭买了一套两居室，去年又买了一辆福特，有一儿一女，我很知足了。以后我想采用加盟店的方式开更多的连锁店，然后进行品牌化、公司化管理，帮助更多的人创富圆梦。现在我也经常出去上课"充电"，提高自己的经营管理能力，对于未来，我充满希望。"

你需要具备的：

1. 几千到上万元的启动资金。

街头小店投资小，门槛低，如果缺少资金，可以先摆地摊，投资几千元买桌椅厨具，学习做汤料的手艺即可。等资金充裕了，不妨考虑租间店铺。

2. 吃苦耐劳的品质。

吃得苦中苦，方为人上人。任何创业在初期都是很辛苦的。尤其像这种服务性行业，有很多琐碎复杂的事情，甚至有时候要工作到凌晨一两点，所以一定要有吃苦的心里准备。

3. 好味道吸引回头客。

对于串串香而言，配方很重要。没有好的配方，很难吸引回头客。所以，你必须精心研究出独特的配方。不妨考虑针对不同人群设计不同汤料，从而满足不同顾客的需要。

赚钱是有技巧的：

1. 保证食材安全卫生。

顾客吃的健康是餐饮企业赢得人心的根基。只有顾客吃得健康，才会信任、支持创业者，经营才能持久。所以一定要保证酱料、锅底、食材的卫生。

2. 口碑效应。

一定要做好宣传工作。不妨开业初期多搞一些宣传活动。要鼓励老顾客加强宣传，利用口口相传的方式扩大影响。

风险规避：

一定要保证串串香的卫生。一旦食品卫生方面不合格，监管风险就会随之增加，甚至导致一败涂地。

职业跳级：

万事开头难。开始的时候，可能辛苦点，有了积累之后，可以考虑吸引加盟店加盟的方式，扩大规模，从而实现更大的跳跃。

总结：

随着时代的迅猛发展，人们在饮食方面也越来越倾向于追求新生的、有特色的食物，这为串串香提供了广阔的发展空间。串串香投资少，回报快，利润高。对于资金不多，又想创业的人，串串香确实是一个很好地选择。现在的年轻人，尤其是学生，都非常爱吃串串香。不过要想做好，一定要保证卫生和味道。串串香的核心在于有好的配方，卫生是创业成功的重要保障。具备了这两点，如果再有好的营销技巧，你想不“人满为患”都难。

豆腐夫妻月入过万

人物故事：

一走进长沙天心区的九禧美食广场，各色各样的小吃就会让你感到眼花缭乱：串串香、芝麻烧饼、炒鱿鱼、炸鹌鹑……各家小吃摊前总能见到络绎不绝的顾客。在众多摊位中，有这么一家名叫“夫妻豆腐”的，顾名思义，应该是夫妻俩共同经营的，除此之外也没什么特别之处。可是别看这摊位其貌不扬，小小摊位每个月给摊主带来的收入可不算少。

这家摊位的老板姓吴，今年40来岁，他和妻子都是外地人，先前在家里经营了一个小卖部，但是生意一直不怎么景气，后来由同乡介绍来这里支起了摊子卖起了豆腐，一干就是两年。这摊位不大，豆腐也小，可这小小的豆腐在他们手里一制作，却有了别样的风味。

吴姓夫妻卖的就是我们常吃的“小葱煎豆腐”：将厚约一公分，长二十公分，宽六七公分的豆腐块放在铁板上用油煎制，等到一面煎成虎皮色就能翻个面，然后刷上独家酱料，再撒上胡椒粉、小葱，少许就制作完毕，用铲子划成适当大小就能吃了。

每当夜幕降临，这里的夜市便逐渐人头攒动起来，吴老板煎出来的豆腐外焦里嫩，再配上浓香的酱料和清香的小葱，其中的鲜美滋味让人垂涎欲滴，而且一块豆腐仅售1元，自然吸引了很多顾客前来购买。他们夫妻下午5点出摊，到晚上10点多收摊，夫妻俩都一直在忙个不停。

只见吴老板麻利地把豆腐一块一块地从水盆里捞出，再整齐地码放在铁板上，然后熟练地翻面，刷酱，撒葱，最后出锅。一旁的老板娘负责将豆腐划成适当大小，然后装碗，收钱。夫妻俩配合熟稔。

正常情况下，吴老板每天能卖出四五百块豆腐，要是赶上了节假日，那生意就更好了。但是一个摊位只卖豆腐难免有些单调，因此吴老板的妻子也在一旁卖起了炒年糕与熏肠，每天也基本能卖出一百来份。这样的摊位本来成本就不高，比如吴老板卖的豆腐，加上油、调料和燃料费用，其成本不过才0.35元，也就是说每卖出一块豆腐就能净赚0.65元！刨去成本与其他开支，光是“小葱煎豆腐”给这对夫妻每月带来的收入都能有八九千元，再加上妻子所卖的炒年糕与熏肠，夫妻俩的月收入可不过万了嘛！

虽说豆腐夫妻俩每月收入都能过万，但是这钱也不是那么好挣的。吴老板所卖的豆腐都是他们夫妻俩自己手工做出来的，每天都起早贪黑，天还没亮就要起来磨豆子，煮豆浆，点豆腐。然后上午要搞一搞清洁工作，得把摊子侍弄得干干净净的，下午才能去出摊。随后出了摊就从下午忙到晚上，饭都顾不上吃一口。

“其实我在这个美食广场的收入只能算是中等，好多做小吃的月收入一个人就能顶我们俩，所以我也在和我老婆商量，看看接下来要不要再租上一个摊子分开干。”看到眼下生意不错，打算扩大规模的吴老板如是说。

你需要具备的：

1．几千元的启动资金。

这种街边小吃，只需要在比较繁华的商业区租用一个摊位即可。

2．诚信经营的理念。

做生意最大的诀窍就在于一个诚信，公平买卖，合理收益是一个生意人应当具备的基本素质。

3．吃苦耐劳的精神。

一般来说小吃的高峰期都会在夜市期间，也就是在傍晚五六点到晚上九十点，这段时间肯定会异常繁忙。当然，上下午的空闲时间也不能无所事事，需要将晚间的食材充分准备好，所以想赚钱的朋友们必须吃得下这样的辛苦。

赚钱是有技巧的：

1．必须保证食品的干净卫生。

近年来，我国的食品安全卫生问题越来越引人关注。君子求财，取之有道。不能以牺牲顾客的健康为代价来赚没良心的钱，所以需要严把卫生关，办理好相关的卫生许可证。只有给了顾客良好的印象，让顾客吃得放心，这样的生意才是长久之道。

2．需要有自己的“独家配方”。

其实不仅仅对于煎豆腐这一行，所有小吃行业的成功秘诀都在于要有自家的特色“秘方”。一块热乎好吃的豆腐成败的关键就在于它的酱料与火候，这个需要找人学习，也需要自己慢慢摸索。

3．选好位置再出摊。

作为一个小吃摊位，自然需要摆在有巨大人流量的地方。可以考虑在大学城周边或者中心商业区附近，摊位大小视情况而定，不过招牌一定要醒目要有吸引力，需要充分体现出自己小吃的特色。

温馨小贴士：

街边小吃最应该注意的就是如何和城管处理好关系，要是只是单独的路边摊，那么应该事前询问好是否会有城管前来干扰，如果是在小吃集中的美食广场等地的话，办理好相关的许可证即可。

职业跳级：

这样的小吃都是从街头小摊做起，但是街边小摊给人的一贯印象都是脏乱差。所以，如果起初资金充足的话，建议直接从店面干起，这样能给顾客干净卫生的印象。

另外你的小吃如果生意做的很好了，在不牺牲品质的前提下，也可以增加摊位，但是不宜相对集中，应该隔开较远距离，以便获得更多客流。

总评：

在餐饮行业中，街边小吃永远是一个热门行业，因为它门槛低，利润高，资金流通迅速的特点，再加上中国众多的人口，有着巨大的消费市场，使得其成为无数草根创业者们的不二首选。

而且如今就业压力巨大，很多工作都不好找，因此自主创业，从小吃摊这样的底层干起也不失为一个比较好的路径。有的小吃是有加盟费的，比如街上那种推着小车的小吃，像是烤面筋、臭豆腐、凉皮米线之类的加盟费一般也就几千元。那些有店面的小吃，比如麻辣烫，可能加盟费需要上万元。不同地区加盟费不一而足，受欢迎程度也不尽相同，若选择这样的加盟小吃，需事先详细考虑清楚，从而降低亏损的风险。

特色小面馆，用“陕西风”征服人心

人物故事：

在珠海街头，有这样一间面馆。外面模仿的是灰青色秦砖汉瓦，门口摆放着一个满面微笑的“兵马俑”雕像，店内摆放的结结实实不上油漆的四方木桌。这样的店子一看就知道是模仿陕西风格，在偌大的南方城市珠海显得有些突兀。但是一到吃饭时间，柜台往往围得水泄不通。据了解，这样一家陕西风格的小面馆，月营业收入可以达到15万元。

一家面馆为什么可以吸引那么多人慕名而来，小店的老板刘先生道出了其中的缘由：“我们有自己特色的食物啊，这里的凉皮和西安肉夹馍是地道的西安风味，这在珠海是绝无仅有的。”

原来珠海外地人口多，其中有许多来自陕西、宁夏等地，但是珠海的食物多以南方广东口味为主，在珠海街头极少见到西北口味的食品。正是看到这一市场空白区域，刘先生才决定投资，开设一家地道陕西风味的面馆。

在陕西，凉皮和肉夹馍是家家都会做的美食，但是对于土生土长的南方人刘先生来说，还是十分陌生。为了开这家面馆，他特意到西安一家非常有名的面馆打了一年工，终于学到了制作凉皮和肉夹馍的诀窍。

这家面馆在选址上也是煞费心机，处于繁华的商业地带，周围是公司比较集中的平安大厦、金盛国际贸易中心、中南商业大楼等写字楼。在面馆开业以后，由于中午用餐方便，四周的白领成了该面馆的主要客源。

“吃面图的是一个方便实惠，除了考虑环境和口感之外，最重要的还是价格是否实惠。”这家面馆的面条价格每碗在10元左右，陕西烤饼和肉夹馍为每个4元，中午吃一顿，一个人消费不会超过15元。

考虑到白领的消费习惯，在店面的装修设计上刘老板也是费了一番心思。面馆里的师傅和服务员统一穿着陕西传统风格的蓝色碎花服装，桌子用传统木桌配简单的小板凳，面馆内常放的音乐也是秦腔，或者西安走出的摇滚歌手张楚、许巍、郑钧等人的歌曲。

在做好这些“外功”以后，面馆的各色面条也是一绝。除了刘先生亲自去过陕西学艺，店内的面点师傅也是直接从西安的面馆“挖”过来，保证了店内陕西面食的原汁原味。

为了保证周围的白领不吃腻，造成客源流失，这个面馆除了主营这些西安面食以外，还定期引入一些陕西其他地区的面食，以保证顾客能经常尝到各种新鲜的陕西美食。

这家面馆大获成功以后，第二年刘先生又在珠海开设了一家分店，由于复制了第一家面馆的成功经验，分店当月收入就达到了10万元。刘老板用自己独特的“陕西风”，在珠海闯出了一片崭新的天地。

你需要具备的：

1. 3万到8万元创业资金。

资金主要用于房租、门面转让费、装修、聘请员工、购买各种厨具。视面馆规模大小确定资金量。

2. 出色的做面手艺。

小本创业，通常由创业者自己亲手熬汤、制作面食。创业者需要拜师学艺，熟练掌握各种技巧。

3. 起早贪黑的决心。

开面馆，通常需要早上五六点起床生炉子、煮汤，因此要做好早起晚睡的准备，只有肯吃苦，才能获得丰厚回报。

赚钱是有技巧的：

1. 面馆有特色才能赚大钱。

开小面馆，应该在特色上做足功夫。例如以湖南口味为主，可以在装修上凸显出湖南的地域特色，让人进店有回家之感。

2. 选址很重要。

面馆应该尽量选择在人流量大、上班族多的位置。上班族和行人是面馆的主要消费群体。

3. 保证店内整洁卫生，才能吸引回头客。

面馆环境必须整洁卫生，地面经常清扫。应该定期清理蟑螂、老鼠等，给客人留下良好印象，才能吸引熟客。

职业进阶：

面馆要想赚大钱，必须走特色经营之路，个性化装修配以特色面食，才能吸引大量顾客。目前普通小面馆月收入多在6000～10000元，虽然辛苦，但是无投资风险，基本不存在亏损。当探索出特色化之路时，可以复制成功经验，增开分店，打造连锁品牌。

温馨小贴士：

夏季由于气温高，店内应该配置空调，同时附卖各种饮料。面汤和食材在夏天都不能放置过长时间，避免因为腐败滋生细菌，造成食物中毒。

总评：

街头巷尾的面馆可谓层出不穷，创业者在投身这种行业时必须能够分辨利弊。投资开面馆风险小，可以很快收回投资，但是也面临着难以大额盈利的困境。这时创业者必须擅于打造自己的特色风格，努力改进面品口味，只有这样才能在庞大的市场中占据鳌头。

在打造面馆特色时应该注重所处地域特点。例如在南方主打北方风味面馆比较容易引起消费者的好奇心和关注；在北方主打南方口味的面馆，则更容易吸引消费者。

市场上永远存在着机遇，只要你能够在市场中寻找到自己的定位，发挥自己的差异化优势，成功其实并非难事。

摆摊卖千层饼，小生意赚大钱

人物故事：

每天早上只要经过湖北大学旁边的“美食一条街”，人们都会看到一个穿着白色工作服，戴着近视眼镜，斯斯文文的学生模样年轻人在大声热情吆喝“ 河南风味千层饼，香酥可口，不脆不要钱”。这个摊位前总是会围着不少学生，而年轻人会麻利的为大家切饼、称重、打包。

这个年轻人叫徐晓杰，是河南开封人，2012 年从武汉一所大学毕业以后，就在这里租下大约 4 平方米的小摊位，开始做起了千层饼生意。目前，每天收入可达 500 元。

大学期间，由于家里经济条件有限，徐晓杰不得不在业余时间做起各种兼职，几年下来，他做过送报纸、餐馆服务员、家教、发传单等十几种工作。虽然每天忙碌辛苦，但是也极大地锻炼了他的社会适应生存能力，徐晓杰从一个腼腆、害羞的男孩，变成了热情的小伙子。

说起开烧饼摊的原因，小徐坦言是因为“找工作受挫，专业不对口”。在大四的上半年，小许就匆匆忙忙的开始找工作，谁知道在四处投递简历，参加面试，忙了两三个月以后，由于所学专业就业范围狭窄，他一直没有找到称心如意的工作。

无奈之下，他去了湖南一家冰淇淋冷品店从事销售工作。“说是销售，其实就是打杂工。从冰淇淋和冷饮的制作、包装、推销，全环节都需要参与。每天工作 10 个小时，月收入才 2000 块，在干了 3 个月以后，我就辞职走人了。”

徐晓杰觉得打工累不说，还工资低微，没有任何发展前途。“由于父母都是靠种地为生的农民，不可能为我投入大本钱做生意。我看到家乡的千层饼在武汉学生中间很受欢迎，而且这门生意投资小，我就开始打算在武汉学校附近摆一家烧饼摊。”

徐晓杰经过几天深入考虑，决定先到武汉来考察市场。在经过几天的察看以后，他决定把地址选在湖大美食一条街一带，这里人流量大，学生多，且附近商业氛围较好。

徐晓杰带着满腔创业激情兴冲冲回到家里，向父母讲述了自己的想法，希望能获得父母的资助。但是没想到一直以种地为生的父母却无法接受儿子作为大学生，去街头摆摊“丢人现眼”的想法。在经过徐晓杰一番晓之以情、动之以理的劝说，并给父母看了大学生卖猪肉、烤羊肉串创业成功的新闻以后，父母才渐渐松了口，答应给 2 万块钱作为他创业的本钱。

在说服父母以后，徐晓杰拿着钱买来做千层饼的器材，在湖大美食一条街租下一个摊位。由于千层饼是河南特产美食，在当地几乎人人会做，因此他请教了在武汉一位做千层饼的老乡后，千层饼摊便正式开张起来了。

做千层饼十分辛苦，每天早上 5 点徐晓杰就起来开始和面、切青椒、搅拌鸡蛋。等到 6 点时开张营业，麻利的为顾客切饼、称饼。头半个月，小徐一个人忙里忙外，累得浑身散了架似的，父亲看他一个人忙不过来，赶来帮忙，小徐才轻松了许多。

湖大许多学生每天习惯来买小徐的千层饼，他们觉得小徐的千层饼味道鲜美，香气浓郁。徐晓杰说，自己平时对顾客比较热情，和学生没有年龄距离，比较谈得来，因此许多学生都特地来照顾他的生意。在遇到熟客时，小徐还会多增加份量，以便能够维持长期客源。

小徐一天要做 100 多斤饼，每天营业额可达 1000 多元，除去面粉、鸡蛋等成本，每月纯利润可以轻松过万元。虽然收入远超过同龄上班族，但是年轻的小徐并不满足现状。“下一步，我打算复制这种经营模式，雇佣几个员工，在其他高校周围开几家分店。我希望能够有更多时间学习更多知识，以便为将来的事业发展打下良好基础。”

你需要具备的：

1．2万元启动资金。

做千层饼生意并不需要太多成本，启动资金约2万元即可，用于购买烘烤千层饼的机器、千层饼原料，以及摊位、临街小门面租凭成本等。

2．做千层饼的手艺。

千层饼并不是一次烘烤熟的，一般是用平底锅烫熟一层，撒上香料，再烙一层，经过多次制成。千层饼的制作方法比较简单，可以在网上搜索资料，自己多试验摸索，有不懂的地方，再请教有经验的千层饼师傅。

3．热情的态度。

千层饼因为方便美味，颇受许多学生和年轻上班族青睐，因此做的是熟客生意。在做生意时应该热情耐心，才能留住熟客，把生意做大做强。

赚钱是有技巧的：

1．口味好才是赚钱的法宝。

小小的千层饼看似千篇一律，要想做好实则有大学问。在和面时要注意不要活得太干，尽量多放各种调料，烘烤得两面焦黄。口味是决定生意成败的第一要素，只有抓住顾客的胃，才能为你带来滚滚财源。

2．份量足才能留住顾客。

千层饼通常以重量计算。在做好口味的同时，还应该斤两称足。只有实惠诚信，吸引回头客，才能将生意做得长远。

3．注意千层饼的保温。

在客流量不大，气温较低时，放置时间长的千层饼会变冷，影响口感，因此要注意做好千层饼的保温措施，用点滴细心，让顾客能随时吃到热乎乎香喷喷的千层饼，才可以为自己带来更多客流。

职业提醒：

如果不租门面，在路边摆千层饼摊时，要注意处理好与周边摊贩的关系，不占道经营，提前向周边摊贩打听该区域是否有城管管辖，避免与城管产生冲突。

总评：

千层饼风味独特，口感鲜美，具有方便容易携带的特点，因此深受广大上班族和学生的喜爱。只要能找到人流量大，尤其上班族和学生较多的地点，投入少量资金，注意卫生问题，就可以从零起步，通过小额资本创业改变自身命运。

川味麻辣火锅，月入两万不是梦

人物故事：

近年来，杭州的地方论坛上讨论重庆麻辣火锅的帖子越来越多，其中许多都对杭州长生路上一家安徽人开的麻辣火锅店赞不绝口。这家店的主人名叫张先发，来杭州已经 3 年。

尽管是夏天，但是张先发在店内却忙个不停。15 平方米的小店里，摆上了密密麻麻的桌椅，每张椅子上都坐满了年轻人，满头大汗的享受火锅美味。

张先发原本在杭州开着一家早餐店，生意一直不温不火。一天，他遇到一位以前在重庆打工的安徽老乡，闲谈中老乡告诉他，重庆的麻辣火锅十分美味，在当地深受年轻人喜爱。自己虽然已经离开重庆，在杭州上班，但是仍然十分怀念重庆麻辣火锅的香辣、爽口，只可惜杭州本地人口味比较甜腻，很少看到重庆口味的麻辣火锅。

说者无心，听者有意。这些话让生意一直不温不火的张先发动起了脑筋：麻辣火锅的消费群体通常是年轻人和学生，而自己的小店刚好处在学校和商业区附近。既然早餐生意不太好做，为什么不索性转型做重庆口味的麻辣火锅生意呢？

张先发是个急性子，有了想法便按捺不住。当天晚上他就和老婆商量，请一个亲戚来帮忙，自己去重庆考察麻辣火锅市场前景并学习重庆麻辣火锅的做法。老婆知道丈夫的脾气，尽管心中犹疑，但是架不住丈夫的满腔热情，便只得同意。

张先发去重庆转了一圈，发现这里的麻辣火锅十分火爆，不仅白天许多学生与年轻上班族吃，甚至晚上宵夜许多人也会选择火锅。这一发现让他十分兴奋，当即他就找了一个做麻辣火锅的师傅，一番软磨硬泡并花了2000元钱，在火锅师傅的店里学习了15天，掌握了重庆麻辣火锅汤底的调制方法。

回到杭州，张先发立刻把店面装修一新，开始打出大大的“正宗重庆风味麻辣火锅”红色招牌来，开张做起麻辣火锅生意。在杭州，做麻辣火锅生意的相对较少，而主打重庆风味的则更是少见了。许多年轻人逛到这里，架不住好奇心，进来尝一尝，发现口味非常好，从此便客流源源不断了。

当月月底，张先发算了算账：购买麻辣火锅的设备花了两三千元钱，此处门面地段比较好，月租金6000元。他每月有50000～60000的营业额，扣去原料成本2万元，工人工资1万元以及门面租金，当月的纯利润可以达到2万多元。

张先发说，麻辣火锅口味好坏，全在熬锅底汤上。一般麻辣火锅店都会用两口锅熬汤，而他的店里会用三口锅，另外一口锅专熬骨头汤。加入骨头汤的麻辣火锅没有各种菜品混在一起的杂味，反而在骨头汤里能尝出菜品原有的特色香气。

看到张先发的四川麻辣火锅生意非常好，几个月时间里杭州城里一下新涌出了几十家川味麻辣火锅店。这些店子的涌起，也让吃四川麻辣火锅成为杭州城内一时的风潮。张先发看到这种趋势，也打起了新的算盘："我打算趁着这股麻辣风，找个好铺面，再开两家分店，抢占先机打造杭州第一川味麻辣品牌。"

你需要具备的：

1．4万～5万元资金。

麻辣火锅的烫煮设备约为几千元，另外需要雇请员工一到两名，以及租用门面，因此需要成本约4万～5万元。

2．麻辣火锅的熬汤配方。

麻辣火锅汤底由猪油、牛油、豆瓣、丁香、八角等熬配而成，为了追求口味鲜美，还应该另熬一锅骨头汤，在菜品烫好后，加入骨头汤，增加麻辣火锅的鲜味和香味。

赚钱是有技巧的：

1．店址决定着生意的好坏。

麻辣火锅店的位置选择，直接影响着生意的好坏。要想生意好，通常应将店子开在年轻人比较多、人流量大一点的位置，千万不可因贪图店铺租金便宜，将其开在人口密度小、无人口流动的区域。通常来说，公交车站旁、地铁出口等，都是比较好的店址位置。

2．菜品尽量多样化。

麻辣火锅目前在许多城市都比较风行，因此也存在着竞争日渐加剧的状况。为了保证能够在众多麻辣火锅店中脱颖而出，采购菜品时应该尽量多样化，并且采购一些市面比较少见的菜品，这样才可以保证客源不断，生意越来越红火。

3. 采购渠道有学问。

麻辣火锅店在生意比较好时，所要消耗的原材料比较多，这时候可以绕开菜市场，直接去批发市场进货，这样成本会大大降低，极大提高经营利润。

温馨小贴士：

麻辣火锅的材料应该保证新鲜，不要贪图省事一次性的购进大量菜料。在夏天时，应该注意店内环境卫生，及时打扫，并定时检查清除蟑螂、苍蝇、老鼠等，为顾客营造良好的食用环境。

总评：

麻辣火锅起源于四川，最开始是码头上的船夫和劳工为了方便，在工作之余，随地支起瓦罐，就地拔一些野菜，放入调料烹煮而成。后来，码头上游走的商人尝到这种方法烫煮的食物，便把灶具加以改造，使这种简单的麻辣火锅走入大众中间。

麻辣火锅市场发展到今天，要想在市场竞争中取胜，就必须提升改造店面环境，时刻以顾客为中心，及时改良汤味，不断推出新的菜品。多在小处动脑筋，及时发现顾客的需求，才能在市场角逐中取胜，做到以小搏大，以不变应万变。

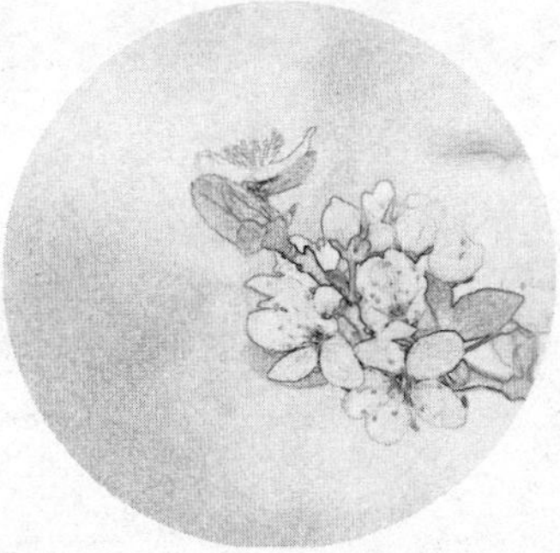

第五章

电脑、手机：崭新形态的致富领域

GRASSROOTS ENTREPRENEURSHIP 100 WAYS

电脑家庭医生，让客户足不出户修好电脑

人物故事：

现代社会，随着人民生活水平的提高，电脑已经是日常生活和工作当中不可或缺的一部分了。但是对于大多数人来说，电脑的价格还是不低的，并且还处于一个相对专业的领域，一旦出现了问题，也不可能说换就换。

现在，不论是什么品牌的电脑，厂家提供的保修期都是有限的，也就是说，保修期过了，电脑损坏了，就只能自己修理。更何况，现在竞争激烈，厂家竞相压低成本，零件寿命普遍下降，往往电脑一过了保修期，就开始出现这样或那样的毛病。

张师傅就是抓住了这样的一个机遇，打算在电脑维修领域里搏一搏。

“我以前啊，读过书，就是电脑那块的，当时电脑还刚刚兴起呢，我也是脑子发热去读了这么一个专业。但是后来我下岗了，当时这个专业，还给了我一条生路呢。”张师傅笑着说道。

张师傅的家在山西的一个县城里，现在生活水平提高了，基本每家每户都有电脑，可是专门修电脑的人很少。恰巧，张师傅有这个专长，虽然当年他没有从事电脑相关行业，但是平日里还是很喜欢摆弄这些东西的，所以，周围的人一有电脑损坏什么的，都会找他去修。

一来二去的，这种事情做多了，张师傅就寻思起来了，是不是可以从

那里找点钱赚呢？就这样，张师傅就做起了兼职，没想到，一下子就收到了很多订单。

“我当时就印了一点小广告，按现在看，绝对是非法小广告，哈哈，就在小区宣传栏什么的贴一贴，还有名片什么的，没想到，很火爆，我当时还上班，就都安排在周末帮人家修，一次竟然都能赚 100 块钱，利润相当高。”张师傅讲到刚刚进入这个行业的事情，爽朗地笑了起来。

“后来，我那个厂子效益不好，下岗了，我寻思，正好，我就副业转正，直接干这个行当好了，养家糊口，没有问题。”

我们可以做这样一个计算，以一个人口数目为 100 万的城市计算，如果这个城市有 20 万户家庭和 5000 个中小企业，按照现在的家庭电脑普及率和中小企业的电脑用量，这个城市至少有 14 万台电脑。这些电脑，在五年之内需要维修的比例可以达到 70%，如果按照每台电脑平均维修利润为 100 元，那么这个城市的电脑维修利润就可以达到 980 万元。

张师傅下岗后，便开了一家张师傅电脑维修店，租了一个小门面，用来存放一些硬件设备，同时还没有忘了散发传单小广告。可是后来他发现，手提电脑还好，可是台式电脑根本没办法让顾客拎着到他的店里去，所以，真的开了店了，生意反而比以前少了。张师傅觉得，坐在店里等生意的做法是不行的，要有大的发展空间，还得登门维修。

“后来我就雇了一个年轻人，给我看店，做一些简单的维修，然后广告上特别宣传了我们上门维修的这个特色。在我们县，上门维修基本还是个空白，所以生意很好。后来生意忙不过来了，雇的人更多了，店面也越开越大。后来，直接创立了品牌，就叫电脑家庭医生，连锁经营。”张师傅笑了起来，现在的他，已经是几家连锁店的老板了，已经不需要自己东奔西走了，他公司里的维修技术员，已经达到了几十人。

你需要具备的：

1. 维修电脑的好技术。

想开一家电脑维修店，拥有过硬的专业技术是必不可少的。一般来说，电脑维修主要涵盖硬件、配件维修、软件维护、网络调试、周边产品售卖，电脑升级等几个方面，你可以专攻其中的一个方面，也可以多方面涉猎，但是技术水平一定要过硬。

2. 连锁加盟。

电脑维修专业性较强，对维修服务人员要求也较高，如果你自身没有此项专业技能，也可以考虑加盟专业的电脑维修店，使技术和经营快速步入正轨。

3. 服务快捷。

电脑出现问题的时候，大家一定十分的着急。现在大家对于电脑的依赖十分严重，一旦坏了，都希望第一时间有人来管。因此，应该在第一时间做出反应，可以按照客户的需求，做出优先排序，分为特急、加急等类型，在一定时间内上门服务，从而提高服务需求达成率。

赚钱是有技巧的：

1. 树立品牌和口碑。

现如今，电脑已经是人们离不开的工具了，但是电脑的损坏率也在不断的提高。虽然从事电脑维修的人员多，但是一些人技术不过硬，人们在大街上随便找个人来修，下一次又坏掉了，换一家修，费时费钱。因此，想要摒弃这样的缺点，就要做好品牌维护，对于第一次服务的客户，就要建立客户档案卡，做好客户数据的维护、备案，让消费者在你这里享受最好的跟踪服务，从而树立良好的口碑。

2. 数据恢复大有空间。

电脑中储存了大量数据和文件，一旦电脑硬件损坏，用户的数据就是有去无回，数据丢失蒙受的损失巨大。这就急剧催生了市场对于数据恢复的需求，而且每一次数据恢复的收费价格都要在 400 ~ 800 元之间，因此，想要赚钱，可以在这一领域多下功夫。

3. 拓展连锁经营。

实行连锁经营是扩大规模经营的重要手段。当您的店铺做到一定的规模，树立了良好的品牌和口碑以后，可以开展连锁经营，各分店统一品牌形象和服务，有利于提高经营水平。

温馨小贴士：

电脑维修不同于销售行业，你不一定非要把店铺选在商业旺地，并且通过采用上门服务的策略，店铺的位置甚至可以选在小区里，只要装修简洁干净就可以了，以此来降低租金成本。

在店铺名称设计上，尽量简洁大方，比如"电脑医院""电脑急救中心"等等。同时日常宣传必不可少，可以多散发一些传单、名片，提高受众知晓率。

总结：

想要成功经营一家电脑维修企业，仅仅有专业技术是不够的，还需要热情的服务、多方位的宣传、快捷的维修。上门开展电脑维修，让客户在家中就可以接受快捷的维修服务，在现代社会一定会有广阔的市场需求。在技术过关的基础上，重视客户资料的积累和搜集，服务的专业化、快捷化，开一家电脑维修店，一定能够获得良好回报。

电脑培训，会打字就能当老师

人物故事：

随着电脑的普及和网络技术的成熟，如今电脑已经成为了我们生活中不可缺少的一部分，熟练的操作和使用电脑已经成为现代人们必须掌握的一项基本技能，越来越多的人愿意花钱去参加电脑培训，以适应现如今的计算机应用潮流。

胡强的电脑学校现如今已经初具规模了，谁也不会想到，现在屹立在人们面前的这栋二层小楼，它的前身，不过就是偏居于一个居民小区里的电脑培训班。

“我当时呢，也算是个意外，就一头栽进了电脑培训这个行业，我自己其实没有什么特别专业的技术。电脑技术刚刚兴起来时，我其实对这个很感兴趣的，但是学校里头呢，老师对这个也不是特别的重视，我呢，就自己琢磨，拿着那个电脑键盘自己练习打字，他们都说我傻。”

可是，电脑行业的兴起是迅猛的，大家还没有反应过来，人们已经是离了电脑就不能够工作和生活的状态了。

胡强因为打字很熟练，居然开始有很多人向他请教了。先是一些企业的员工，因为电脑的风行，企业都开始争先恐后的进行无纸化的办公，可是很多人，都根本不会使用电脑，更加不会打字，这可急坏了他们，毕竟找一份工作不容易，大家都不想轻易的被“炒鱿鱼”，特别是一些年轻人，不可能像年纪大的人，得过且过的。

胡强便在家里开了一个小型的电脑培训班，主要教的就是打字。由于自己十分的熟练，精通各种输入法，大家相互介绍，都是慕名而来，胡强的班，越办越大了。

“后来，自己家里地方不够大了，我就在家旁边的居民区里租了一个一楼的房子，然后收购了几台二手电脑，开起了电脑培训学校，慢慢的，人就多了起来。我脑子一转，这个钱很好赚啊，会打字就能当老师，多好啊。”胡强想到那个时候，笑了起来。

胡强的学员一批一批的从他的培训班里毕业而去，胡强觉得，自己的技术水平还是有限的，想要把培训班做大做强，还得有专业的老师来教授才行，而且他敏锐地嗅到了以后计算机的发展和用处肯定比现在还要强大，如果自己抓住这个机遇，一定能够获得成功。

想到这里，胡强便开始多方联系师资，壮大自己的教师队伍，甚至开始编写教案。由于曾经积累了一定的生源，建立了一定的客户资料，他便开始从过去的学生着手，看看他们需不需要进一步的提高。

就这样，胡强的学校开始慢慢的做大做强了，从开始的一间小房间，到后来的三间的房间，几十台电脑都不够用。胡强觉得，自己需要长远规划下自己的培训机构。

胡强觉得，自己如果想把学校做大做强，不仅要扩大生源，更要提高学校的自身硬件。他首先到处寻找合适的场地，联系教学用的电脑。他觉得，只有进行标准化的运作，才能够给人以专业的形象。

“办电脑培训学校，家里人刚开始肯定是不愿意的，租场地、买电脑，都是一大笔钱。虽然几年下来，我也有一定的资本，可是这么大的手笔，还是挺让人不放心的，我自己其实心里也有点犯嘀咕。不过我觉得，我自己的学校，将来肯定不止现在这个一层居民区场地，我得看着它越长越大。”胡强说。

他不顾家人反对，用自己的房子做了抵押，租了现在的这一栋二层小楼，购进了几千台新电脑，正式挂起了胡强电脑培训学校的牌子。

学校开了起来，宣传就变得很重要。由于之前的生源资料做得好，胡强的学校已经具备了一定的生源基础和社会认可。他就在学校、大企业周边散发传单，通过各类优惠等信息吸引大家，可是效果并不明显。

胡强想，自己这样子是不行的，他必须主动出击。他又联系了学校、公司，希望承揽学校、公司的培训任务，一来二去的，还真的就拉到了大买卖。

现在，胡强的电脑培训学校已经和几十家公司达成了培训协议，每年都有稳定的收益。

胡强说 IT 产业还有很大的发展空间，自己现在有一家学校，以后还会有更多更多家胡强电脑学校。

你需要具备的：

1．专业师资团队。

学校教育质量的好坏取决于师资力量的强弱，因此，想要开一家好的电脑学校，拥有雄厚的教师资源，高质量的教材十分重要。哪怕只有一个教师，一本教材，也要保证质量，宁缺毋滥。

2．标准化的管理。

标准化的管理模式能够保证教学质量，同时树立良好统一的品牌形象。不论你刚开始的规模有多小，都要树立专业的形象。

3．一块大小合适的场地。

根据学校的规模大小和生源多少，寻找一块合适的处所开设学校，位置尽量在显眼的位置上，交通便利，有利于提升形象。

赚钱是有技巧的：

1．加大宣传力度。

根据自己的目标人群，加大宣传力度。如果你的目标受众是学生，就要在学校附近，或者直接跟学校的领导老师沟通，进行宣传。如果你们的目标受众是已经工作、想要提升自己计算机水平的白领人群，就需要在各大写字楼附近散发传单。同时可以进行媒体和网络宣传，扩大自身的知名度。

2．教学内容更新快。

现如今，电脑技术更新速度极快，作为电脑培训机构，必须要跟进技术的发展速度，才能够提高培训的效率，从而吸引更多的人进行学习。

3．组建强大的咨询团。

当社会对于你的培训机构认知度还不强的时候，必须要组建强大的咨询报告团，宣传学校优势，接受消费者咨询，树立专业、实力雄厚的机构形象。

职业跳级：

学校开设到一定的规模，可以开设连锁店，并且聘用业内知名的教师，提升学校的教学质量，同时扩大宣传，不断提升知名度和社会认同度。

总结：

伴随我国信息产业的发展，相应的各类人才需求大量增加。我国走新型工业化道路以来，计算机产业在未来的十年都是经济发展的重点区域。但是目前，我国的计算机教育还处于理论大于实践的阶段，往往学校只看重理论灌输和考试结果，对于真正的动手能力和创新能力并不重视。这并不能够满足目前信息产业对于人才的需求。加上现在就业压力、升职压力极大，许多人愿意回到专业技术学校重新学习计算机技能，提升个人价值，以此来获得更多的就业机会，拓展个人发展空间。因此，有关电脑的职业培训，市场需求极大。

网店装修师，做互联网上的“装修工”

人物故事：

每年“双十一”，互联网上便会弥漫起电商大战的硝烟，各大电商纷纷使出各种招数，通过降价促销等多种手段，吸引顾客购物消费。网店装修师此时也是忙得不可开交——为了吸引顾客的眼球，商家需要对网店进行装修，通过绚烂夺目的店面网页，吸引顾客进入浏览。

在网店装修行业中，有一对年轻夫妻目前在网上大热。他们拥有中国电信、爱立信、TCL、华为等大客户，通过对这些大客户的店面网页个性化装修，每年利润可以达几百万元。而让人想不到的是，这对夫妻是“半路出家”，从最开始简单的PS图片处理软件都不会，经过一路辛勤学习摸索，才走到今天。

“2005年淘宝网刚刚火，我们夫妻就意识到这里蕴藏着巨大商机，在上班之余，花了2000多块钱进货，网上开了一家专卖金银首饰的小店。”马学说。由于此时处于电商发展初期，人们普遍对互联网购物信任不足，经过一个多月的经营，小夫妻俩一盘算，发现不仅没赚钱，还倒亏了1000多元。尽管这次创业没有成功，但是马学还是从中摸索到不少网络营销的技巧。他发现，要想吸引高点击率，使顾客产生强烈购买欲，有一个装修得好看的店铺，吸引大家眼球很重要。

马学的老婆李文从小喜欢画画，虽然自己不会用Photoshop图片处理软件，但是由于老公在网络公司工作，有计算机基础，可以教老婆相关知识。夫妻俩趁着长假经过一番摸索和突击训练，花了半个多月，就熟练掌握了这一软件。

学会Photoshop以后，夫妻俩并不甘心头一次的网上创业失败。李文辞去工作，把自己关在家里研究了两个星期，就设计出了一个动态图标，图标上的点名和蝴蝶图案都能轻轻闪动。这种动态图标放在今天非常普通，但是在互联网电子商务的初期，却引起了大家的极大关注。

当月李文新开了一家淘宝店，将这种动态图标放入网店页面中，没有想到浏览量大增。就是这样一个小小的动态图标设计，当月他们的小店盈利1000多元。

在淘宝论坛上许多精明的卖家也开始注意到这种新奇的动态图标，纷纷打听是谁设计出来的。随着询问的卖家越来越多，马学夫妻开始意识到网店的形象设计目前还是一片未开发的市场。因此，李文每天学习大量关于电子商务的知识，准备将电子商务和工艺美术设计结合起来，并加入动画和音乐等，让店铺能够瞬间吸引到顾客的注意。

这一空白领域由于完全没有竞争对手，在马学夫妇开始专职做网页装修后，就接到大量订单，两人忙得不亦乐乎。但是随着时间一长，马学又遇到了新问题，卖家们普遍反应店铺在装修之后虽然漂亮了，吸引到大批人浏览，可购买转化率并不高。马学意识到这一问题如果不能解决，长期下去必然影响到自己生意，因此他开始反复摸索究竟怎样的风格设计可以吸引到更多人购买，在自己反复思考和与卖家交流以后，他对电商流行趋势以及如何刺激顾客购买欲望有清晰的判断。

商品在页面如何展示，图片拍摄的光线、是否清晰等，都会影响到商品的销量和顾客流量转化率。马学在装修网店前，往往会深入与卖家沟通各个细节，以便实现装修后销量大幅度提升。例如在为一家服装企业装修店面时，他指出原来的旧页面文字多图片少，这样无法给顾客带来视觉冲击力，因此造成顾客购买率低。在经过马学夫妻的一番装修后，新页面图片信息大大增强，原来首页只能看到上装，新页面可以看到帽子、上衣、下装等，这种改进大大增强了顾客下单率。

经过两年的实践和探索，马学夫妇装修过的网店，通常销量会比原来上升两到三倍，因此也逐渐吸引到许多大客户来要求为其装修网店。随着生意的发展，马学成立了一个公司，招揽一批行业顶尖人才，目前公司每月收入五六十万元。

你需要具备的：

1. 熟练使用 Photoshop 和编程软件。

现在做网店装修主要分两种：一种是专门订做网店装修；另一种是开发模版，然后直接把现成模板卖给顾客。这两种方式都需要网店装修师能够熟练使用 PS 软件和网页编程软件，通过图片、FLASH、音乐等，设计出满足顾客要求的产品。

2. 一定的工艺美术基础。

在网店装修中，网页整体风格的选择，商品颜色的搭配，以及整体布局是否合理美观，都需要装修师有一定的审美能力和工艺美术基础。这些知识可以通过阅读书籍，参阅其他人作品，以及在实践中获得。

3. 一定的网店经验。

网店的每个细节都可能决定着顾客是否下单，因此网页装修师必须具有一些基本的淘宝开店和购物的经验，才能设计出购买体验比较好的网页。

赚钱是有方法的：

1. 初期以开发装修模板为主。

网店装修师在从业初期，客户订单少的情况下，可先以开发比较便宜的固定模板为主，在打开市场获得顾客认可以后，再主营专门的定制网店装修业务。

2. 网络营销是增加客源的利器。

网店装修师在初期普遍存在客源少、接单量少的状况。这时候我们应该积极的在淘宝各大论坛，以及卖家 QQ 群发布信息，寻找潜在客户。

3. 业务拓展为你打开滚滚财源。

网店在需要做活动时装修，通常也需要做网络营销。这时网店装饰师可以提供一条龙服务，既做店铺的装修，也负责承接网络营销，然后线上组织人员完成营销，以获取更多利润。

职业进阶：

网店装修师在初期应该多在网上推介自己的业务，以获得订单，打开市场。在发展一段时间后，如果拥有大批客源，可以承接网店营销、网络商品图片拍摄等业务，并可组建公司，通过团队来实现更大利润，完成进阶之路。

总评：

目前电子商务进入高速发展期，伴随着电子商务发展需求的网店装修师也越来越受到卖家的欢迎。要想在网店装修行业闯出一片天地，不仅需要熟练的运用各种网页和图形软件，还需要具有良好的创意和色彩感知能力。

从事该行业不需要启动资金，无需固定上班时间，只要一根网线和一台电脑即可，因此深受许多喜欢自由的年轻人欢迎。随着该行业的深入发展，对从业者的综合技能也提出了更高要求，因此在从事此行业时，应该不断学习探索，及时把握行业流行趋势，才能确保自己在市场潮流中站稳脚跟，永不落败。

网游代练工作室，把玩游戏变成职业

人物故事：

许多经常逛游戏论坛的人都知道，在网络论坛上经常可以看到有人以动辄几千元出售一个游戏帐号。难道游戏帐号真的可以卖钱吗？不错，游戏帐号不仅可以卖钱，而且互联网上还有一群以玩游戏为职业的人，他们被称作“游戏代练”，既满足了自己的兴趣，还在不知不觉中赚取大笔收入。

安徽的小王原来就是一名游戏代练。2006 年，小王本来该大学毕业，可是由于自己迷恋游戏，导致多门课程挂科，无法获得毕业证。没有毕业证又找不到工作的小王无奈之下，只有成天呆在网吧里，靠打游戏来逃避残酷的现实。

有一天，他在玩某大型游戏时，在游戏中获得意见宝贝，想转让给其他卖家。他在网络论坛上发帖寻求买家，没多久，就有卖家开出了2000元的天价。这让小王震惊不已，为了安全起见，他决定当面交易。等到买家当面数出2000元大钞交到他手中时，他才知道，原来靠打游戏也能获得收入。

这次经历给了他极大的信心，从此他每天安心泡在网吧，每天打十小时游戏。一个月下来，他卖游戏装备的钱竟然超过了3000元。要知道当时月收入3000元，已经远远超出了与他一起毕业同学的工资。

这种生活持续一段时间以后，小王并不满足，他知道每天坐在电脑前10小时，对身体的损害是极大的。既然玩网游可以赚钱，我为什么不直接组建一个工作室，雇几个游戏“发烧友”，给他们工资，自己通过集中卖每月产生的装备，赚更多钱呢？

小王把这个想法告诉父母，父母一万个不同意，在他们眼里，玩游戏是不务正业。可是时间一长看到儿子仍然是我行我素的每天打游戏不找工作，架不住儿子的软磨硬泡，父母便只得给小王5万元钱，让他开游戏工作室。

小王拿着这些钱，组了一个旧的民居房子，又招揽了十几个大学生，开始了帮人代练和买卖各种游戏装备的生活。网游需要很长时间升级，再加上各种游戏虚拟装备的产生，没过几个月，他的工作室就达到月收入七八万元，除去各种成本，他可以盈利2万元。

在淘到网上第一桶金以后，他又额外做起了贩卖QQ号以及各种虚拟游戏币的生意。目前一个六位数的QQ号可以卖到几万元，甚至10万元，只要收购到这种号，一找到买家转手，他就可以净赚一两万元。

小王说，愿意为网络游戏投入大量金钱，雇人代练和购买装备的，多是收入非常高，但是白天没有时间玩游戏的人。只有通过雇人代练或者购买高级的游戏装备，才能实现瞬间“进级”，获得虚拟游戏世界的王者尊贵之感。正是这些人的存在，我们才可以源源不断从网上获得高额收入。

随着游戏行业的日益深入发展，各种新兴掘金机会不断涌现，小王也开始关注游戏行业的更多新兴领域，通过拓展各种鲜为人知、竞争较小的业务，来实现工作室更快速的发展，以创造更多财富。

你需要具备的：

1．5万～8万元启动资金。

这些资金用于购买电脑，接入宽带，租用工作室场所，预付员工工资等。

2．对网游的强烈兴趣和爱好。

其实在创业中，兴趣是最好的导师，对于网络游戏代练行业来说，更是如此。只有对网络游戏怀着浓厚兴趣，开网络游戏代练工作室才能不断在这一行业拓宽领域，寻找到各种他人没有发掘的机会。

3．出色的团队管理能力。

游戏代练工作室雇佣员工较多，这时候需要创业者具有出色的管理能力，能够及时发现员工在工作中出现的问题，树立纪律意识，避免迟到、旷工等情况的频繁发生。

赚钱是有技巧的：

1．员工考核很重要。

雇佣员工需要付工资，并使其创造的价值能超出工资，这样创业者才可以盈利。因此在招聘时，应该注意员工的能力考核，尽量雇佣玩游戏时间较长的员工，这样才能确保员工能创造出色效益，获得最大利润。

2．交易大有学问在。

游戏代练后产生的虚拟物品需要找到买家购买，以实现资金的快速回笼，因此在各大论坛上要勤发贴，以便能够让产生的虚拟物品能快速卖出去。同时应该学会在买家上多做选择，尽量以最高的价格成交。

3. 业务拓展是工作室长远发展之本。

游戏代练行业瞬息万变，各种新型的游戏币和虚拟物品层出不穷，平时应该积极关注游戏行业的趋势，开辟少为人知领域业务，在市场中占领先机，随时求变，才能实现工作室的快速发展。

温馨小贴士：

现有互联网交易机制并不健全，存在一定风险，在游戏行业中尤其如此。因此在游戏物品交易中应该以安全为第一要务，避免上当受骗。

在工作室的地址选择上，也应该尽量选择能够与其他居民保持一定距离，隔音效果比较好的房屋，这样可以避免员工在玩游戏时打扰到周围居民休息，产生不必要的纠纷。

总评：

在互联网时代，创业者在考虑和选择创业项目时，应该尽量贴近自身兴趣和爱好。只有对创业项目本身怀着强烈的兴趣，才会有欲望孜孜不倦的了解该行业的发展趋势，并根据行业趋势变化来不断调整项目发展思路，实现最大化盈利和长期发展。

游戏行业目前正值快速发展期，非常适合游戏发烧友投入一定资金，实现创业梦想。在游戏代练行业内，存在着大量不断涌现的机遇和新领域，只要创业者热爱游戏，能够带着一颗强烈的探索之心不断思考，及时依据行业发展调整策略，必然能把小小的游戏代练，变成一门生出无限财富的大事业。

微信卖水果，你想不到的创业方式

人物故事：

在平常人眼里，微信和QQ一样，是大家保持联络的工具。但是山东大学的两名大学生，却利用这一小小的通信工具，做成了大买卖。

杜海龙和王泽是山东大学的学生。一次，在学校门口买水果时，两人发现这里的水果既不新鲜价格又贵，于是就萌生了开一个水果店的想法。

卖水果并不稀奇，但是如何能够将水果卖出特色，在周围的竞争中脱颖而出，让两人着实费了一番脑筋。两人都是电子商务专业的学生，王泽突然想到，能不能用当下最火的通讯工具微信来卖新鲜水果呢？

这个想法很快得到了杜海龙的认可。学校离水果店比较远，同学们想吃水果要走很长一段路才能买到。要是利用微信作为沟通工具，同学有需求时直接送水果上门，生意肯定不错。

这个提议做起来十分简单，因此两人说干就干，经过一番商量，第二天开始购买网上域名、申请空间、印制名片等，开始了创业之旅。

可是在一开始，他们就遇到了困难。水果进货回来以后是需要仓库储存的，在哪里找到一个比较合适的仓库来储存水果，成了当务之急。他们在学校内找了好几天，看到租赁房子的就问，可是一直没有找到理想的储存地点。最后没有办法，只有转而选择校外，这样将来送水果会多走很长一段路程，但是好在租金相对便宜。这样又找了几天以后，便选择了校外一处民居作为水果的储存仓库。

经过一个多月的前期筹备工作，他们的微信商店终于开张了。只要你在学校附近“查找附近的人”，就能看到一个“微信水果店”的账号，当你关注该账号，发送所需水果的名称和数量时，杜海龙就会组织人在规定时间将水果直接送到住所，不额外收取任何费用。

其实一个月来，杜海龙和王泽东奔西走的筹备工作，已经让很多同学都知道了他们新奇的卖水果方式。在开业当天，就有十几个同学通过微信下了订单，足不出户吃到了新鲜水果。

这种购物方式十分便利，但是背后是杜海龙和王泽的辛苦服务。为了保证水果的新鲜，每天早上 5 点，他们会去当地偏远的水果市场进水果。之后杜海龙负责上传照片，发布价格。王泽则在仓库配货和接收订单，然后将水果在规定时间内送到指定的地点。

一个月下来，两个人经过一番盘算，除去各项开支，两人盈利 18000 元，每人分得 9000 元。学校在知道两人的事迹以后，在论坛上表扬了他们二人，这一下，知道两人水果店的人更多了。短短两个月时间，他们的微信账号便有了 1000 多名粉丝。

说到以后的打算，王泽说，这只是一次有益的尝试，在未来他们希望把这种微信水果店开到山东每所大学，让同学能够足不出户吃到新鲜水果，把微信从“社交神器”变成他们的“赚钱利器”。

你需要具备的：

1. 1 万～2 万元创业资金。

用于租用存储水果的场地、进货等。

2. 一个微信账号。

你需要一个微信账号，在简介中简明介绍你所提供的微信送水果服务。同时在朋友圈发布水果的价格，以及详细介绍微信配送水果的整个服务流程。

3. 付出汗水的决心。

在创业初期，不可避免许多事情都需要自己亲自处理。为了保证水果新鲜，应该每天早上进货，并且在客户发出订单后，能够及时迅速送到顾客手中。

赚钱是有方法的：

1. 前期宣传很重要。

利用微信卖水果，应该重视前期的宣传。可以通过印制名片，随时出现在“附近的人”中，来获得他人的吸引和关注。

2. 选择水果储存仓库有诀窍。

用微信卖水果，顾客应该定位于大学生，或者写字楼白领群，此类人对新生事物的接受和尝试度都比较高。因而在选择存储仓库时要选择在写字楼或者学校附近，这样可以方便产品的配送。

3. 朋友圈是最好的营销窗口。

朋友圈中应该发布详细的配送服务流程，以及清晰的水果图片。在微信个人说明里，也应该简明扼要地说明自己提供的服务，以便第一时间吸引浏览者眼球。

4. 水果新鲜才会有熟客。

为了保持水果的新鲜，应该坚持每天从批发市场进货。只有保持水果新鲜，才能留住熟客，实现生意的长远发展。

职业进阶：

目前微信卖水果在大学内极有前景可为，在初期获得成功以后，可以及早扩张，在各大学校复制这种模式，抢占市场先机。

总评：

微信作为一种新兴的商业发展平台，草根依靠少量资金，通过合理营销实现财富梦想的例子屡见不鲜。

微信卖水果，通过流畅的沟通方式以及快速送货上门，为学生和白领一族提供了便利，因此才能在竞争中脱颖而出。这一模式容易操作，易复制，且在目前情形下，能够占尽市场先机，因而可以作为草根创业首选项目。

彩铃专业户，“卖声”赚大钱

人物故事：

根据中国移动的统计数据，目前彩铃已经是继通话、上网后的第三大手机增值业务。不仅移动、联通等通讯网络主运营商从中赚得满盆金，各种SP（电信增值中小服务商）也从中赚得大额利润。此外，还有一批草根创业者依附于SP提供的平台和渠道，在家中工作，靠着制作有趣的彩铃赚钱。

所谓彩铃，就是将影视剧中一些有意思的对白或者歌曲下载到手机上，他人在拨打你电话时，就不再是运营商默认的枯燥“滴滴”间断音，而是生动有个性的铃声。

今年30岁的张小恒就是一名专业的彩铃制作人，去年下半年，他在上海成立了一家“小恒工作室”。目前依靠制作彩铃，他每月收入可以达到8000元。

张小恒从小就多才多艺，在音乐上更是展现出过人的天赋。2001年，网络音乐刚刚兴起时，他因为与女朋友分手，在极度苦闷下，就开始在网上写歌。

2004年，一大批网络歌手开始在网上走红。重庆一家电台也借着这一股风潮，开办了一个电台节目，主要播放重庆网友创作或者翻唱歌曲。电台节目时间紧，需求量大，凭借着在网上小有名气，电台找到他，希望他能够为歌手提供录音，然后筛选一些比较好的作品送到电台播出。由于歌手需要找他制作，所以他可以从中收取一定翻唱录制费用。

后来，随着网络歌曲风潮的渐渐褪去，来他家录音的人也渐渐少了。为了谋生，他决定在网上制作彩铃，通过彩铃来赚钱。

最初，张小恒制作一些四川方言的搞笑彩铃，上传到音乐网站，当时由于网上彩铃都是普通流行歌曲，这种方言特色的搞笑铃声一出现，立刻受到网友的热捧。随着推出歌曲越来越多，开始有SP运营商找到他，要求他提供作品上传到旗下平台，并采取分成模式。

在这之后，张小恒就开始专业制作彩铃，SP运营商负责提供平台，进行营销和宣传。收益采用三七模式，张小恒获得其中三成。例如，一个彩铃下载收费2元，张小恒则可获得0.6元的收入。由于前期张小恒网上制作彩铃已经有一定知名度，彩铃上传到平台几个月后，就可以每个月获得几千元收入。

据张小恒介绍，制作一个彩铃通常要写一个剧本，由于大多数彩铃为搞笑风格，在写彩铃时就应该策划出彩铃的内容和对白，以及该使用的语气。有了剧本以后，就开始进入录音过程。根据彩铃的主题，通常会安排几种不同的语气，录制完成以后，筛选出最能营造幽默效果的录音。然后在录音软件中去除噪音，加入一些烘托幽默效果的背景音乐，最后进行声轨的合成。制作一首彩铃，通常只需要一个小时 。

根据专业机构的统计，目前在手机用户中，正在使用彩铃业务的用户为10%，曾经使用过彩铃的用户约为30%。按照中国手机为8亿用户计算，那么彩铃用户则为8000万。正是因为看好这一市场的广阔前景，张小恒说，未来他希望能够成立专业的彩铃公司，实现从写彩铃剧本、配音人员等的专业细致分工，通过走高端化专业路线，在这块急速发展的市场抢占鳌头。

你需要具备的：

1．1万元的前期资金。

彩铃录制工作对环境配置要求并不高，你只需要一台性能较高的电脑，配备较高配置的声卡，同时采用专业话筒，以保证彩铃的声音质量。

2．一定的策划和写作能力。

彩铃在录制前，需要写出彩铃剧本，其中包括彩铃的情境、台词、所需要的背景氛围等，这需要彩铃创作者有一双善于观察生活的眼睛，以及能够营造幽默效果的文笔。

3. 乐观幽默的性格。

彩铃发展到今天，能够大卖的彩铃通常为幽默搞笑类，因此要求创作者能够有一颗童真乐观的心，善于发现生活里诙谐幽默之处。把这些素材经过艺术提炼以后，通过声音、环境音乐的配合，来达到引人发笑的效果。

4. 恒心和毅力。

利用彩铃赚钱，需要制作者对这一行业抱着浓厚的兴趣，有足够的恒心和毅力面对创业初期可能出现的“坐冷板凳”状况。只要你持之以恒，不断揣摩消费者的口味，必然能够在这一行业中闯出一片天地。

赚钱是有方法的：

1. 从小品和笑话中寻找幽默。

彩铃能否大卖，归根结底取决于彩铃的质量，只有生产出高质量的彩铃，才能获得消费者的青睐，让手机用户心甘情愿付费购买。大批量生产彩铃，难免会使彩铃创作者出现灵感匮乏的状况，这时我们可以借助电视小品，以及笑话等，将其中的台词加以改写，获得源源不断的创造灵感。

2. 寻找出色的SP运营商很重要。

优质内容在创造出来以后，如果没有好的渠道进行营销，再辅以良好出色的平台，很难在激烈的彩铃市场中大卖。这些工作当下通常交由SP运营商完成，因此寻找到一家专业诚信的SP运营商十分重要。好的SP运营商会为你提供优质的平台，并能提供合理营销，每月准时将分成汇入你的账户，免去创作者许多后顾之忧。

3. 学会制造“粉丝效应”。

西方学者西尔斯发现，在传媒经济中，忠实的粉丝才是最忠诚的消费者。彩铃制作人要想从彩铃制作中获得大额度收益，必须积极利用微信、微博等新型传媒展现出自己的独特个性，培育属于自己的群体粉丝。一旦这一群体发展壮大，必将为你带来难以想象的财富。

职业进阶：

彩铃创作者在职业初期，就应该有意识的扩大自己在网络上影响力，培育自己的粉丝，以实现自身的长远发展。在进入职业稳定期以后，可以通过开设公司，建立专业的录音室，不仅进行彩铃的制作，还可以承接各种录音工作等，以实现个人事业的更大发展。

总评：

随着人们消费能力的提高以及城市化进程的深入，消费者的个性意识会越来越强，彩铃这一通过独特铃声展现出自己个性的业务，也随之迎来爆发式的增长。

这一创业项目适合想象力丰富，观察力强，个性幽默风趣，富有表现能力的年轻人创业。只要你能够在彩铃制作中展现出上述能力，再辅以时间，必然能够在小小的彩铃中，获得财富以及寻常事业中难以企及的个人满足感。

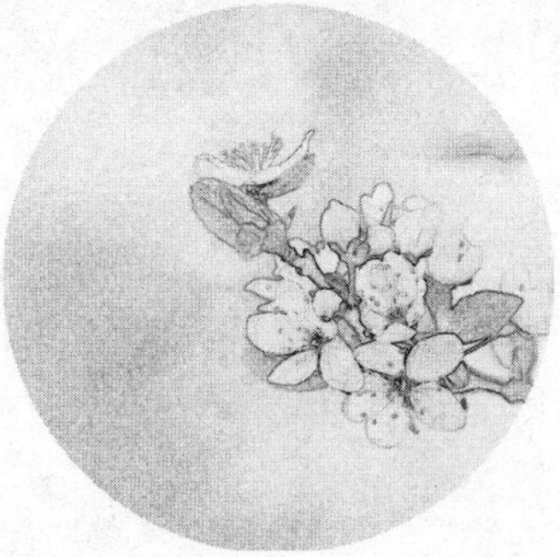

第六章

汽车货运：稳赚不赔的创业市场

GRASSROOTS
ENTREPRENEURSHIP
100
WAYS

汽车代驾，做顾客的“临时车夫”

人物故事：

自2013年以来，交通部门提高了惩治“酒驾”的力度，只要驾驶员酒精密度超过一定标准，可以判处6个月的拘禁。这一交通法规让一些拥有私家车，又喜欢酒后开车的人头痛不已，伴随着这一情况，目前悄然出现了一种新型职业，被称作汽车代驾。

所谓的汽车代价是指顾客拥有私家车但是不会开车，或者因为酒后无法开车，而电话召来一些有驾驶证、驾车经验丰富的驾驶员，来代其开车的服务。

28岁的小张就是一名职业汽车代驾。起初，他在一家出租汽车公司做出租车司机。“做出租车司机每天时间长不说，十几个小时不停在城市转悠，精神高度集中，非常疲惫。每个月还要随时提防交警的罚单，一个月下来只能赚四五千块钱。”

2013年，新交通法关于酒驾的规则实施以后，机灵的小张动起了脑筋：目前酒后驾驶可以处以6个月的拘留，而许多私家车主又不得酒后驾车，如果能提供代驾服务，会不会有很多顾客使用此项服务呢？

抱着试试看的心情，小张印制了一些名片和传单，上面有详细的服务介绍和自己的电话号码，在酒吧、KTV等处散发。没有想到这些传单和名片散发出去以后，第二天就有三四个电话要求他代驾。

接到这些电话让小张信心大增，从此开始他每天以专业代驾为生。代驾服务每次收费100元，车程超出20公里还需要多加费用。过了一个月，小张私下一盘算，发现自己居然足足赚了1万多元。代驾服务不仅收入是开出租车的两倍多，还省下大量的时间陪老婆孩子。

在经历一段时间代驾工作以后，小张发现了一个棘手的问题，有些顾客酒后电召代驾，可是等到小张慌忙赶过去时，顾客居然已经不在约定地点，再打顾客电话时，提示顾客关机。这样的“放鸽子”事件，不仅损耗时间和精力，还往往让小张损失了其他的业务。

慢慢的，小张从这类事件中得到处理经验，当顾客在酒醉之后要求代驾时，小张会要求顾客报出车牌号，并声明如果赶到时顾客不在，会要求其赔偿损失。在这种情况下，再遇到顾客“放鸽子”，小张就会按照所提供的车牌号，追究顾客经济赔偿。经过这一举措，顾客“放鸽子”的状况大为减少。

小张说，目前汽车代驾正处在起步阶段，为了避免在代驾过程中出现不必要的纠纷，在每次代驾前，他都会带上一份合同。在代驾前提醒顾客清点保管好财物，并签订代驾合同，以避免出现不必要的纠纷。

代驾行业的旺季在春节期间，这时他可以实现月收入2万多元。目前他正准备组建一家代驾公司，雇佣七八个司机，主营全天代驾服务。趁着这一行业处于发展初期时，将代驾事业做大做强，赚取人生“第一桶金”。

你需要具备的：

1. 驾驶证和丰富的驾驶经验。

想从事汽车代驾工作你必须拥有一张通过考核的C照，以及丰富的驾驶经验，以保证能在城市车辆较为拥挤情况下安全驾驶。

2. 熟悉所在城市路况和各个地点。

顾客电召汽车代驾的地点不固定，这时需要你对城市交通路线和路况非常熟悉，才能保证完成驾驶任务。如果前期对城市交通路线不熟悉，应该向顾客询问，并购买城市交通路线图，多了解城市各地名所在位置。

现在你可以下载一个高德地图 APP，让 APP 帮你导航。

3. 细心和耐心。

汽车代驾工作虽然空闲时间比较多，但是也存在着顾客电召时间和地点不固定的麻烦，需要我们细心和耐心问明顾客需要，并且在路上能够安全驾驶。

赚钱是有方法的：

1. 名片就是机会。

在顾客每次代驾服务以后，应该给顾客留下一张名片，以方便下次顾客需要代驾服务时，能够方便联系到你。

2. 全天代驾比单次驾驶挣钱。

目前在代驾行业，单次代驾收费约为 100 元，而全天代驾收费约为 400 ~ 600元，因此我们应该尽量多发展全天驾驶业务，为自己创造更高收入。

3. 与酒店和大型 KTV 合作。

在一些大型酒店和KTV，有客人饮酒时，酒店和KTV 往往会询问顾客是否需要代驾，因此如能和这些场所建立固定长期的合作关系，必然会为你找到大量订单。

4. 沟通创造财富。

在代驾服务过程中，应该积极友善的与顾客交流，消除彼此的陌生感，使顾客在乘坐时获得良好的情感体验，这样有助于为自己吸引更多的回头客。

进阶建议：

汽车代驾目前月收入约为6000～12000元，在积累一定顾客资源以后，可以组建汽车代驾公司，发挥团队效应，提供更加专业的服务，使个人事业迈入一个新的台阶。

职业提醒：

在每次服务前，最好与顾客签订代驾合同，避免出现不必要的纠纷。代驾前记得带好驾驶证，以备应对交警询问。汽车驾驶过程中，应该将安全放在第一位，避免超速驾驶。

总评：

汽车代驾是伴随着现代社会分工日趋细化、个性化产生的新型职业。这一行业具有空闲时间多，自由、舒适的特点，但是也应该注意到汽车代驾常常需要往返多地，这要求从事这一行业者要有足够的耐心。

该职业目前正处在急速发展的初期阶段，在未来职业分工日趋个性化，更注重服务体验的大趋势下，这种灵活度高，极具个体特点的工种无疑是大有前景可为的。及早进入这一行业，可以尽早通过专业细心的服务积累口碑和客户资源，然后在职业稳定期通过成立公司团队化运营，必然能够打开广阔的市场和创造极为可观的经济效益。

开小车送快递，效率高才能赚大钱

人物故事：

近年来，随着电子商务的迅速发展，许多人开始选择足不出户的网上购物。在这一趋势下，现代化的快递业得到迅速发展，快递员收入也随之水涨船高。杭州的赵福贵也是千万快递员大军中的一名，与其他快递员不同的是，他在快递运输工具上大做文章，轻松实现了年收入过10万元。

赵福贵今年45岁，来自于山东农村。一年以前，他听在杭州的亲戚介绍，目前快递行业收入较高，普遍月收入可以达到五六千元。

亲戚的一番话让他动了心，没过多久，他就来到北京，加入了一家大型快递公司。干上快递行业他才明白，原来快递员工资是直接和快递员的送件量挂钩的。当月，凭着在农村练就的吃苦耐劳，他骑着电动车风里来雨里去，拿到了5000元工资。

赵福贵是个凡事喜欢动脑筋的人。他知道目前快递送件量比较大，许多地方由于快递员配置不足，货件只能压一天隔日再送。快递员骑着电动车，每天疲于奔命且效率低，如果再碰上刮大风下大雨，一两天不能送货，这些都严重影响了快递员的收入。

既然电动车速度慢效率低，骑着电动车风吹雨淋，能不能直接买一辆小轿车送货呢。这样既提高了送货效率，每天可以多送上百件快递，还能避免风吹雨淋，下再大雨也可以照常工作。

这个想法一在脑海里冒出来，赵福贵就再也按捺不住了。当天晚上，他就打电话给家里老婆，向他讲述了自己要买小汽车的想法。没料到老婆一百个不同意。在她眼里，开着小车的都是官员或者做生意的大老板，谁见过一个风里来雨里去的快递员开着轿车的？

老婆不同意，赵福贵便详细的向她讲述了自己用小轿车送快递的想法，听赵福贵分析得头头是道，再加上架不住他的软磨硬泡，老婆最终还是勉勉强强同意了老赵的想法。

赵福贵是个做事干脆果断的人，老婆一同意，他就拿出家里钱，花了4万元买了一辆国产品牌小轿车，然后花上几个月在送快递的下班时间练车，考到了驾照。

有了小轿车，老赵送起快递可谓顺风得水。每天，其他快递员骑着电动车约能送一两百件快递，老赵因为有了小汽车，一天能送300多件。到了下大雨或者刮大风的天气，其他快递员只能休息，但是坏天气对老赵却毫无影响。一年下来，他送快递的收入达到18万元，工资足足超出其他快递员10万元，远远超出一辆小车的价钱。

由于老赵送货及时热情，风雨无阻，货物放在车厢内不用担心淋湿损坏，因此干了一年多以后，找老赵发快递的人也急速增加。仅仅两年时间，老赵就在杭州付了首付款，买了一套70多平方米的房子。

眼看着找他发快递件的人越来越多，老赵开始承包下公司在该片区的快递业务，专门雇佣两个人为他送快递，而他则专门负责在片区内揽件。老赵借着他的智慧和敢于投资，终于把普普通通的快递工作，做成了一门实现人生辉煌的大生意。

职业提醒：

1. 驾照和一辆小汽车。

用小汽车送快递能够极大节约时间，增加每天的派发量，不受天气阻碍。可以先加入快递行业，在工作之余考取驾照和买车。

2. 能够吃苦耐劳。

快递行业比较辛苦，送件量越多，收入越高，因此从事该行业必须能够吃苦耐劳，风雨无阻，才能够获得比较高的报酬。

3. 对城市地点和路线比较熟悉。

从事快递工作，必须对负责片区的地点和交通路线非常熟悉，这样才能实现高效率送货。在初期不熟悉时，可以通过地图了解，以及积极向路人求助。

赚钱是有方法的：

1. 承揽其他快递公司业务。

通常情况下，一个片区的快递量是有限的。在购买小汽车后，由于送货时间大幅度缩短，可以考虑承揽其他公司的快递件派送工作，使收入大幅提升。

2. 处理好与小区、写字楼物业管理处的关系。

许多高档小区和写字楼物业管理处会为业主代发快递件，这时如果能与物业管理处搞好关系，实行定点合作，必然能够让你接到大量快递件寄发业务，增加收入。

3. 良好服务是长远发展的基石。

快递工作中，常常面临着顾客不在家以及难以找到详细具体地址的情况。面对这类情况时，应该表现得热情有耐心，用优质服务来树立自己在顾客心中的良好形象。当遇到经常有发件需求的顾客时，应该热情主动的留下自己名片，以便为自己揽到更多发件业务。

职业进阶：

快递行业目前普遍收入为每月 5000 ~ 8000 元，在从事快递工作的同时，应该注重积累客户资源，为自己长远发展打下良好的基础。当客户资源积累到一定程度，发件业务比较多时，可以考虑承包该片区的快递业务，完成员工向“老板”的转身。

温馨小贴士：

用小汽车送快递，有时会遇到巷子较窄，车子无法进入的情况。这时只有将小车停在比较远的地方，注意尽量选择偏僻不占道的地方，避免收费和交通罚单。

总评：

在当前电子商务大潮下，快递是目前发展最迅速的行业之一，这一行业具有极其广阔的发展前景。投身快递行业，可以详细了解现代物流业和电子商业的许多详细流程，为日后自身的发展打下良好基础。

用小汽车送快递，正是通过一定的投资，来实现高效率的工作，以便创造更大的效益。在上述故事中我们可以看出，许多行业只要我们能够打破常规，敢于投资，并且用踏实进取的态度努力奋斗，必然能够走出一片广阔的人生天地。

同城快递人，有私家车就可做自由职业者

人物故事：

在成都某甜品店，朱聪小心的从店员手中接过甜品盒，然后放入汽车后备箱。在接到甜品盒子以后，他开始联系接收人确定详细的收货地址，并且告知甜品送到的时间……今年以来，朱聪已经通过某手机 APP，获得几百单生意，成为一名自由的职业送货人。

朱聪是一名 80 后，原本供职于国企。在常人眼里，一毕业就进入国企，是十分让人羡慕的事情。可是日子一久，年轻的朱聪却闷闷不乐，在国企每月虽然有五六千元收入，外加各种节假日福利，但是国企领导思维僵化，等级森严，年轻人很难有发展。朱聪原本性格活泼开朗，喜欢与陌生人交流，在国企中却时时如处荆棘丛中，苦闷不堪。为了摆脱这种枯燥乏味的生活，他开始想方设法寻找新的职业出路。

好在机会总是留给有心人的。2016 年年初，朱聪偶然在安卓软件平台上下载到一个 APP。根据这个 APP 的简介描述，只要拥有私家车，就可以通过该 APP 接受同城送货订单，在短时间内将货送到顾客手中，获取酬劳。

抱着试试看的态度，他开始在这个 APP 上接受送货订单。说起第一次的订单，朱聪至今记忆犹新。他在 APP 上注册的当天晚上，就接到了第一个订单，是将一个 MP3 从商家送到顾客手中。在将货交到朱聪手里时，商家郑重的叮嘱他必须在一个小时内送到，好在朱聪有私家车，这对他并不

是难事，十几分钟以后，他就把MP3交到了顾客手里，这次送货让他获得20元报酬。

这次送货让他获得了极大的信心，原来真的可以利用这种做同城自由快递员的方式，赚取收入。在其后的一个月里，朱聪又陆续的从该智能手机APP上获得了两三百次送货任务，从中获得了大约6000元收入。

到了第二个月，他对自己是否还有必要继续在国企内坚持下去产生了动摇。他认真分析了自己的特点：自己喜欢与人交流，个性活泼率真，讨厌一成不变的工作环境。他的这些特点与国企格格不入，但是从事自由快递工作，却是如鱼得水。在经过一番深入考虑以后，他最终还是说服父母，辞去国企工作，选择了做一名同城快递人。

在专职做同城快递以后，由于朱聪时间更充足，而且小车可以承载较大的货品，并且保证下雨天不被雨淋湿，因此他每个月大约能从APP上接到四五百件订单，月收入可以达到8000～10000元，已经远超国企。

朱聪介绍，在这个APP平台上，从送MP3开始，他先后帮人送过蛋糕、电脑、游戏机、海鲜、礼物等。由于通过APP送货，收货者和快递者都要先绑定银行卡，在下单后代扣去费用作为担保，因此能够保证收货者货物安全和及自由快递员能拿到快递费用。

最重要的是，这种工作方式能够让他随时发现新鲜事物，享受到经常与人交流的乐趣。看到自己的工作能够每天为他人带来便利，他内心有一种由衷的充实和满足感。

朱聪说，目前仅仅在成都，像他这样的自由快递员就有3万多人。在这种同城快递APP上，软件系统通常会根据路程、货物的类别、金额等确定每次快递员的收费金额，通常每次收费为20～50元不等，目前专职从事这一行业的人员，半数月收入都可以达到6000元以上。

你需要具备的：

1. 一辆小汽车。

同城自由快递者虽然轻松自由，但是需要你配备一辆小车，这样才能保证货物不被淋湿暴晒，且能够在短时间内迅速送到顾客手中。

2. 同城快递手机软件。

做同城自由快递员目前主要通过智能手机软件接受任务。目前国内比较著名的同城快递软件有人人快递、8 快递等。

3. 充裕的时间。

同城快递通常要求快递件在一两小时内送达，因此这需要从业者有相对充裕的时间，能够随时关注手机 APP 上的快递任务提示，及时的接受任务，准确快速将货物送达。

4. 对本地交通路线和地点比较熟悉。

同城快递送货地点不固定，这要求同城快递员对本地地点和交通路线都比较熟悉，才能保证货品能够及时准确送达。

赚钱是有技巧的：

1. 随时关注手机提示。

当手机 APP 上出现适合你服务地区的任务时，会出现提示音，在你抢到该任务时，才可以确定接受订单，开始送货。每月你能抢到的任务量，决定了你的收入，因此必须随时注意关注手机上的 APP 任务提示。

2. 注册多个同城快递手机软件。

在你时间比较充足的情况下，可以同时注册多个手机快递软件，这样可以获得更多的任务，提高每月收入。

3. 注重车子保养检修。

古语云，好马方能行万里。要想在该行业赚大钱，必须经常保养检修车辆，以避免在有任务时因为车子故障无法工作，或者车子在快递中途抛锚，造成损失。

职业进阶：

自由快递人在有私家车的情况下，几乎无需成本就可以实现自由工作的梦想。在经过一段时间的经验积累，熟悉同城快递业的各个流程以后，可以注册成立同城快递公司，在这一刚刚起步的市场大展身手，用团队化作业获取更多财富。

总评：

随着电子商务逐渐深入人们生活，传统快递业在大幅发展时，也面临着送货时间较长、不够灵活机动的特点。同城快递的出现，正是为了弥补传统快递业的这一空白和不足。

小汽车具有灵活、速度快、能存储大货物的特点，因此非常好的发挥和适应了同城快递的特长。做自由快递人不仅能够轻松自由的工作，还能从工作中了解到许多现代物流的特点和趋势，为日后自身发展打下良好基础。

在熟悉同城快递业务特点，建立一定的人脉资源之后，可以自己开办同城快递公司，通过专业细致的服务，在这一急速发展的新兴市场打开知名度，尽早实现创业梦想。

货车搬家，打工者和学生群体里有大市场

人物故事：

每年六七月份，都是大学毕业生离校的高峰时间。这时在大学附近，都会贴着各种搬家广告。这些搬家广告上面标明的价格低廉，通常会比一些传统的大型搬家公司便宜一半，每次收费仅为几十元到100元之间，因此深受大学毕业生欢迎。

传统的搬家公司多为许多人团体作战，而张贴这种搬家广告的人，多为货车车主，借助这种低廉的搬家服务，在六七月他们收入可以达到每月2万元以上。

小货车司机老张就是一个提供廉价搬家服务的车主。老张来自农村，2010年买了一辆小货车，开始在武汉跑起货运。起初他都是每天将货车开在批发市场附近，等待有人叫车。这样过了一段时间，老张发现每天大量时间都浪费在等待商户叫车上，一个月下来，月收入只有三千多元，扣除在外面吃住和车辆油钱以及损耗，基本没赚到什么钱。

看到生意始终难有起色，过了两个多月，老张又将车换了另外一个地方停靠，等待有人叫车，可是生意依旧毫无好转。急性子的老张看到这种情况，一时按捺不住了，便诚恳的向一位开了多年小货车的老师傅请教。老师傅看着老张说，小货车应该停在学生和外来工比较多的地段，因为学生和外来工在搬家时，必然要用到小货车。

老师傅的一席话让迷茫中的老张看到一丝曙光，当天他就把小货车开到一处外来务工者比较多的小区旁边等生意。换地点后的当月，他的收入就达到了5000元。

自从换了地方以后，老张生意明显好了许多，每个月收入都能比较稳定的维持在5000元左右。这样持续一段时间，老张又开始不安分了，他想，既然务工者聚集地和学校旁边生意比较好做，那么能不能贴一些广告在学校和打工者集聚地附近，这样一旦打工者和学生需要用车时，就可以按照广告上的号码，迅速找到他的车呢？

有了这一想法后的第二天，老张就开始找到一家打印店，印制了一批广告宣传单。拿到广告单后，他没有出车，直接拿着印有自己联系电话和收费标准的广告单，在附近的学校和打工者聚集比较多的小区张贴。

本来老张对贴广告也只是抱着试试看的想法，可是没有想到在当月，他就接到上百宗通过电话打来的雇车搬家请求。到了月底私下一盘算，发现自己张贴广告后，当月足足赚了1万多元。

老张说，把车停靠在小区附近和学校旁边等生意，往往外地务工人员和学生在急需用车时，因为所停处比较偏僻，而无法看见。把广告贴在电线杆或者小区公告栏上 ，学生和打工者在需要用车时，往往会习惯性的在电线杆以及公告栏上寻找，传单上服务价格清晰明了，因此能接到许多用车电话。

老张介绍，这种私人货车搬家服务收费低廉，但是往往比较辛苦，因为货车开到顾客处时，还需要亲自将东西从楼层上搬下来，因此在面对过高楼层时，老张通常会加收10元的“楼层费”。

在谈到未来规划时，老张说，传统的搬家公司主要服务客户是城市本地居民，由于本地居民搬家时东西较为繁重，因此收费较高。他希望能组建一家收费低廉的搬家公司，专门瞄准外来工和学生市场，在这块不起眼的细分市场里，将货车搬家事业做大做强。

你需要具备的：

1. 一辆小货车和驾照。

目前小货车价格为3万～4万元，开小货车需要考取C1或者B2驾照。

2. 耐心和良好的安全意识。

城市道路交通拥挤，因此需要驾驶者具有足够的耐心和良好安全意识，在面对堵车拥挤等状况时，能够保持心平气和，不超速，不危险行车。

3. 具有吃苦耐劳精神。

小货车搬家服务不仅要求司机会开车，同时司机还应该将物品从楼层搬到车中，因此较寻常的小货车运输更为辛苦，这需要司机有较好的体力和能吃苦耐劳。

赚钱是有方法的：

1．等生意地点有诀窍。

小货车搬家在没有电召服务时，应该将车停靠在学校附近或者打工者聚集区域。由于打工者以及学校毕业生搬家比较频繁，这些地点会有更多叫车生意。

2．贴小广告为自己招揽生意。

学生和打工者在有搬家需求时，往往不会四处寻找小货车，反而会留意墙壁、电线杆、公告栏上的小广告。因此，小货车搬家在主打学生和打工者市场时，应该经常四处张贴广告，以为自己寻找到更多生意。

3．良好的服务才能为自己创造熟客。

货车搬家需要创业者勤快吃苦，在帮助顾客搬家时能够耐心，具有良好服务意识。我们常说生意做的就是人品。只有每一次辛勤诚恳的服务，才能换得大量熟客，为自己积累良好口碑，打开市场。

职业进阶：

小货车搬家比较辛苦，但是收入较高，通常月收入为6000～12000元之间。在渡过创业初期以后，如果生意比较好和稳定，可以考虑开办专门针对学生和打工者市场的搬家公司。这两类群体通常搬家物品较少，且不会过于笨重，因此开办货车搬家公司在制定收费标准时应该远远低于大型搬家公司，这样可以为自己打开市场，获得品牌知名度，积累大量客户资源。

总评：

传统的大型搬家公司收费较为高昂，主要服务对象为东西较多的城市居民，而私人货车搬家面对的主要为大学毕业生和来城市打工者。这两类人流动频繁，因此具有广阔的市场前景。

货车搬家在收费时，不可过高，应该秉乘着“利小量多”的原则，这样才可以跟收费高昂的传统搬家公司形成差异化竞争，走出一条特色之路，为自己赢得广阔市场。

高档出租车，让“的哥”月收入轻松过万元

人物故事：

在杭州这种经济较为发达的城市，各种豪华车辆并不少见，因此任何一款车要想在大街上吸引行人眼球，都不是一件很容易的事情。但是2016年以来，杭州街头一款造型奇异的车却让人纷纷侧目，所到之处总是能够引起行人的议论和好奇。

这种车子名叫吉列TX4，在造型和设计上，它模仿了英国早期的黑色出租车。车头有巨大的散热栏，头灯为圆形，发动机舱显得臃肿硕大，车身近似方形，这种车风格奇特，没有时下流行的造型，以往只能在一些老电影中才可以看到。

这款车子步入中国，最开始是作为北京奥运会的特殊服务车辆。在落户杭州以后，许多市民对这种造型复古夸张的出租车感到十分好奇。这款车型在中国知名度不高，因此最开始上路时，许多市民将它看作残疾人专用车或者商务用车。

出租车司机小王在最开始开这种车时，还犹豫不定，他担心这种造型奇特的车子不被乘客接受，会造成每天载客量少，收入连“份子钱”都不够。但是过了短短几个月，他就发现自己的担心是多余的，之前开普通出租车他每月收入约为五六千元，但是自从开上这辆笨笨的“大甲虫”以后，他每月收入已经超过了1万元。

最开始让小王意识到此车优势的，是一次搭载病人的经历。在开上这

辆车不久，一次他汽车行驶到一处高档小区的公路边，遇到一名乘客推着一名坐轮椅的病人。原来这名乘客家中有病人不能行动，为了出门看病，必须要将病人和轮椅一起搬上车。

病人体型臃肿，大约有180多斤，要将这么重的病人抬上车，实在不是一件容易的事情。好在这时候小王突然想起来，在开这辆车的专门上岗培训时，公司曾经告诉小王，这种车辆具有专为残障人士设计的无障碍台阶，只要打开收缩台阶，就可以将轮椅直接推上车。

当下小王找到收缩台阶的按钮，将无障碍台阶开启，乘客便轻松的将轮椅推进了车内。在车上乘客对小王连声感谢，并且好奇的向小王打听这种独特的无障碍出租车。小王向他详细介绍这辆车的特性后，从此乘客每天带病人去医院看病，都会电召小王的车子，以省去将病人抬上车的麻烦。

随着时间的推移，小王愈发感受到这辆车的便捷。他在工作中发现这种车子特别受谈生意的商务人士欢迎，因为这辆车内部空间宽敞，且有非常好的隔音效果，后排乘客在车上交流或打电话，司机在前面根本听不到乘客的谈话。车内专门设置有放行李箱的位置，让行李能够不脱离乘客的视线，避免了乘客因为慌忙下车，忘记拿行李箱的麻烦。

许多谈生意的人在乘坐这辆车以后，都会主动要下小王的名片，这样在下次需要用车时，就会直接电召，为小王吸引了许多回头客。在熟客多了以后，他还与周围同行通过微信组成“微信车队”，当有熟客电召时，自己如忙不过来，会及时调配附近其他开这种英伦出租车的司机前去载客。

由于积累的熟客较多，且其中许多为商务人士，因此他目前平均每天要跑四五趟机场接客，这样一个月下来，每个月收入会超过开普通出租车司机好几千块钱。

小张说，他希望能够趁着目前收入高，高档出租车还没有普及，自己尽早攒些钱购买一辆英伦高档车加入公司，这样由于不需要车份子钱，他每个月的收入有望超过2万元。

你需要具备的：

1.C照和2至3年以上驾龄。

目前各地出租车都分高档出租车和普通出租车，相对来说，开高档出租车收入会更高，这要求从业者具有C照和两年或者三年以上驾驶经验，具体驾龄标准依各地出租车公司规定标准而异。

2. 能够适应长时间驾驶。

通常出租车司机每天工作8小时或者12小时。在路面行驶时精神高度集中，长时间的驾驶比较疲惫，这需要你有较好身体，能够适应长期驾驶。

3. 1万元押金。

目前加入出租车公司，为了防范各种意外风险，出租车公司会要求司机先行缴纳1万元押金。

赚钱是有方法的：

1. 巧用打车软件。

目前市面流行的“滴滴”和“快的”等打车软件，在乘客使用该软件打车时，会每次给予司机十元左右的补贴。使用此类软件，能够获得更多生意和额外补贴，可以提高司机收入。

2. 留住熟客。

高档出租车相较普通出租车，更加舒适安全，且车内空间更大。在国内大多城市，高档出租车在收费上通常会比普通出租车贵，因此乘坐此类车的许多为商务人士。在载客时，应该热情服务，通过攀谈拉近与顾客距离，用良好的印象为自己获得更多熟客，提高每月收入。

3. 路线选择有诀窍。

跑高档出租车，应该尽量选择商业圈，写字楼较多的路线，这些区域人流量大，商务人士也相对更多，可以有效提高每日营业额。

职业进阶：

在国内，高档出租车服务近几年才兴起，随着人们生活品质的提高，对服务体验朝精细化发展，可以预见高档出租车服务在未来会有更大需求量。在创业者资金比较充裕时，可以考虑自购高档车加入出租车市场，这样可以每月获得更高收益。

温馨小贴士：

出租车司机每天在路上奔波的时间比较长，在开车前应该准备好饮用水。车子交班后，司机应该保证充足的睡眠时间，避免疲劳驾驶造成交通意外。

总评：

随着生活水准的提高，一些人在进行消费时，会更加注重消费体验，只有更加精细化、舒适的服务体验，才可以更好满足人们个性化服务需求。高档出租车服务的出现，正是在原有出租车服务市场基础上，细分出高端市场，以更宽敞的空间，更舒适的环境，更贴心的服务，来满足人们的多样化需求。

高档出租车服务目前正处在起步阶段，竞争较小。这时如果能够投入这一行业，避开普通出租车市场的激烈竞争，实现差异化生存，必然能够在快速发展的市场中获得机遇，改变自身命运。

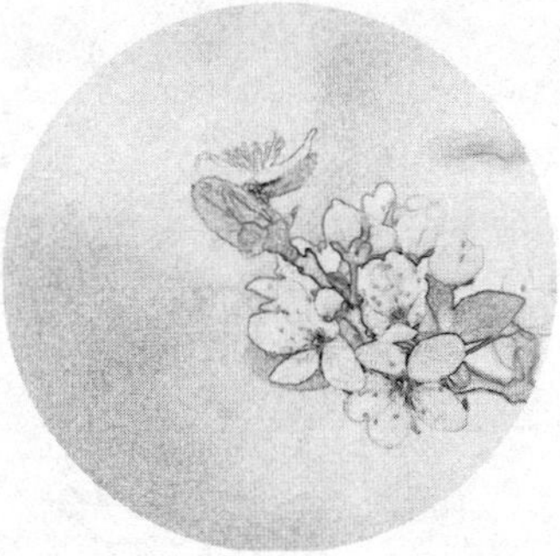

第七章

翻译、旅游：日渐壮大的热门行当

GRASSROOTS ENTREPRENEURSHIP 100 WAYS

家庭旅馆，边交朋友边实现梦想

人物故事：

近年以来，国内旅游市场大热，许多人在结婚或者节假日时，都会选择出外旅游作为休闲娱乐方式。旅游市场的火爆也催热了一门赚钱生意——家庭旅馆：越来越多的人在旅游时，已经不喜欢选择标准化的酒店，转而选择家庭气氛浓郁的家庭旅馆，让自己在身处外地时，也会有一种亲切熟悉的归家感觉。

家庭旅馆最早起源于欧洲，到了上个世纪五六十年代，随着美国嬉皮士运动的兴起，家庭旅馆也因为舒适、无拘束感，逐渐盛行。这一新型的住宿方式被引入到国内后，也成为许多创业者的热门选择。不少年轻人通过开办家庭旅馆，既交到了许多朋友，也通过这一方式实现了创业梦想。

江西小伙子张明深正是其中一员。他是一名刚刚毕业的大学生，2015年毕业时还欠了几万元的助学贷款，但是通过开办家庭旅馆，他不仅还清了贷款，目前旅馆每月还可实现纯利润1万多元。

2015年大学毕业以后，张明深背负着几万元的助学贷款债务，外加由于专业比较冷门，找工作屡屡失败，一度内心十分沮丧。到了九月，面对这一身无解的问题，他决定索性来一次长途旅行，一个人背着包囊，带上在学校做兼职攒下的几千元钱，只身去了云南丽江。没有想到，这次旅行让他大长见识，也无形中萌发了他自主创业的想法。“云南风景优美，有许多简洁的家庭旅馆，让人有回家的感觉，我从那里找到了人生方向。”

张明深性格外向，是个藏不住心事的人。回来以后，他就向朋友们倾诉了自己的想法。“我喜欢交朋友，开一所家庭旅馆可以发挥我的特长，让客人有宾至如归的感觉。你们可以借一些钱，帮助我实现梦想吗？”朋友们纷纷觉得张明深的这一想法“不靠谱”，他问了一圈人，结果也只有两三个人表示愿意借钱给他。

张明深是个不达目的不罢休的人，他想厦门既然风景优美，旅游业发达，不如先去厦门考察一下市场，实在不行也可以先在厦门找家旅馆打工，先学习和积累经验。到了厦门没几天，他就遇到一个准备转让旅馆床上用品的老板。后来，他又在其他地方找到一处比较便宜的房源。

这次厦门之行让他看到了希望，但是资金缺口仍然是摆在眼前的大问题。无奈之下，他只得再次找朋友们开口，提出借钱要求，没有想到朋友们这次看到张明深的行动决心，纷纷慷慨解囊，他一下子就凑齐了几万元资金。

在厦门租下房子以后，为了节约成本，凡是能够自己干的事情，他都会亲自动手。在这里，他既是木匠，又是装修工，还兼任水电工、摄影师等。所需物品都尽量从网上淘二手或者物美价廉的，如是忙活了半个多月，终于将小旅馆装修一新。

他知道来住旅馆的年轻旅游者喜欢玩手机和电脑，就在每个房间装上更多插座，并且提供网速最快的宽带和免费 WIFI。每天晚上，张明深会在各大自助旅游论坛里，发开店心得的帖子，分享厦门好玩的景点。这些帖子图文并茂，没过多久，就吸引到了大批眼球。

在他的家庭旅馆里，他会定期举行民谣爱好者聚会以及读书沙龙，这些活动吸引了大批文艺青年。通过这些人的口碑传播，他的小旅馆很快就在当地小有名气。

开旅馆4个月以后，由于前期张明深良好的服务和营销，家庭旅馆便住满客人。到了月底一盘算收入，扣除各项开支，他实现纯收入13000多元。在获得较好收益的同时，性格外向的他也结交到不少五湖四海的朋友。他颇为自豪的说："其实相较旅馆收入，我更看重这些朋友，他们才是我人生中最重要的财富。有了这些人脉，必定会为我以后的事业发展打下良好的基础。"

你需要具备的：

1. 5万～15万元资金。

开家庭旅馆需要租用房间，购买大量床上用品、装修等，根据规模，约需资金5万～15万元。

2. 一定的管理运营能力。

家庭旅馆在经营中，需要管理员工，处理与顾客的关系，应对各种突发状况，这都需要经营者具有一定的运营和管理能力。

3. 一颗"生活在别处"的心。

法国诗人兰波曾经写下名句"生活在别处"，毅然奔赴战场，此后这句话成为许多精神文化生活者的名言。目前家庭旅馆的主要顾客群是重视精神生活的小资文艺青年，因此需要经营者有一颗"文艺"之心。只有用一颗"生活在别处"之心，去对待每一个住店顾客，才能与他们获得共鸣，为旅馆长远发展奠定良好基础。

4. 恒心和毅力。

一家家庭旅馆，从开业到进入稳定期、从冷冷清清到门庭若市，是需要店主恒久的努力和坚持的。如果只凭头脑一热，没有能长坐"冷板凳"的思想准备和决心，很难获得成功。

赚钱是有技巧的：

1. 网络营销是增加顾客入住量的利器。

年轻旅游者在往某地旅行时，会首先通过网络了解当地风土人情、好玩的景点、便宜的酒店。家庭旅馆主要服务于注重精神生活的年轻人 ，因此应该在网络营销上大做文章。例如可以定期在网上分享自己的开店心得、当地好玩的景点，在网上发起和组织线下的民谣聚会，读书沙龙等等。这些网上营销可以有效提升旅馆在当地的知名度，引起游客的关注，吸引游客入住。

2. 简洁有品味的装修很重要。

家庭旅馆在装修风格上，应该在简洁大方素净的风格上，增加各种文艺的装饰物，例如购买书籍，摆放书柜在前台边，供顾客取阅；墙壁上可悬挂布置各种西方名画的复制品等。这些配置不需要多少钱，却可以增加旅馆的文化氛围。

3. 与顾客成为朋友。

家庭旅馆可以定期组织读书沙龙、音乐聚会、思想讲座等来吸引人气，提升知名度。在举办活动中，店主也会认识大量朋友，这些人会成为你的潜在顾客。通过长期举办这些活动可以无形中为自己获得大量熟客。

温馨小贴士：

家庭旅馆在经营中，应该注意卫生环境，每天清扫，排除各种安全隐患。在走廊和大堂应该安装摄像头，防止财物被盗。

总评：

随着人们生活品质的提升，越来越多的人已经不满足于干净的床单和安静的环境，进而要求旅馆能够提供良好的文化氛围，成为与陌生人交流的平台。家庭旅馆正是适应了人们这一需求。因此家庭旅馆要想生意兴隆，就必须在“文化氛围”上做足功夫，不仅让顾客体验到宾至如归的感觉，还应该满足顾客精神文化需求，才能在激烈的市场竞争中胜出。

临终翻译，冷僻市场才能挣大钱

人物故事：

中国人自古有儿女为老人“送终”的传统，但是由于老人临终前气息微弱，以及饱受疾病折磨等原因，子女往往无法听清楚老人在最后的时刻说了什么，这时如果有一个人能够听懂他们的话，代为翻译，该有多好。在河南就有这样一个打工妹，看到人们的这一需求，经过一番刻苦摸索，担任起这种专业的临终翻译。

27岁的陈婷婷是河南人，原本和丈夫一起在广东东莞一家电子厂打工，有两个活泼可爱的孩子，生活得幸福美满。

2010年的一天晚上，陈婷婷老公突然接到电话，老家因为持续多日的特大暴雨，年久失修的房屋突然垮塌。陈婷婷的婆婆因为孤身一人在家，被压在了砖瓦堆里，幸亏附近邻居及时赶到，老人才保住了一条命。知道这一消息以后，陈婷婷只好辞去工作，赶回老家。

在老家医院照顾婆婆两个多月以后，虽然婆婆出院了，但是瘫痪在床，说话变得含混模糊，几乎无人能懂。面对着这些，陈婷婷只好留在家里，并把两个孩子接回家乡读书，做起了家庭妇女，一心照顾婆婆和孩子。

陈婷婷是个孝顺媳妇，为了能够知道婆婆是否身体不舒服，她开始摸索着看能否听清老人说的话。经过一段时间的观察和摸索以后，她发现要听清这种声音含混不清、气息不足老人的话，必须将耳朵贴到嘴边，并且随时观察他们的嘴型。通过一段时间细心的琢磨，她终于能够听懂病重的婆婆说什么了。

尽管有陈婷婷的细心照料，但是由于婆婆年迈体衰，加上卧床时间太久，最后还是在2012年离开人世。在办理婆婆的丧葬时，她遇到一个亲戚。那名亲戚说他有一个同事，因为听不懂卧床父亲临终的遗言，向他感叹，要是当时能听懂父亲临走前的话该多好。

这番话提醒了陈婷婷，她想既然自己在照顾婆婆过程中，已经能够听懂婆婆含混不清的话，那么面对其他老人呢？如果自己能够专门为这种说话含混不清的老人做临终翻译，会不会是一个很大的市场？

由于生活压力大，这个疑问很快就只能埋在陈婷婷心底。婆婆死后，陈婷婷去了长沙一户人家做保姆，主要负责照顾老人和接送孩子。因为有在家服侍卧床婆婆的经验，陈婷婷在雇主家干得十分出色，深得雇主一家喜欢。

一次，雇主在饭桌前面无意间说起单位里的事情：一个与他要好的同事由于出差时遭遇车祸，目前生命危在旦夕。由于车祸导致语言神经受损，他似乎有很多事情想向家人交代，但是只能张口咿咿呀呀，家人一句也听不懂，十分可怜。

聪明的陈婷婷听到这里，就试探性的告诉雇主，自己照顾卧病在床婆婆多年，可以听懂一些病人含糊不清的话。既然对方出现这样的危难，自己可以去试试。善良的雇主见张婷婷愿意帮忙，就抱着半信半疑的态度，与那位同事家人取得了联系。

当天晚上，她跟随雇主来到那位同事病房。她将耳朵贴近病人嘴边，然后参照口型，发现这人说的话比她婆婆清晰多了。当下，她根据病人所说的话，喊出了在场几位亲属的名字。

随后，张婷婷又翻译了病人的话：“他说，这些天你们太累了，自己遭到这样的灾祸，要是身体能复原，一定要好好对待你们。”在场的亲属听到这些话，都难过得落下泪来。

为了知道病人感受，让病人得到最好的照料，以及方便病人交代后事，当晚病人家属就与雇主一致协商让陈婷婷留下来。在陈婷婷的帮助下，病人交代了自己的存款和房子的归属等。一晚上下来，病人家属都对陈婷婷十分感激。

两天之后，病人最终还是离开人世了，为了感激陈婷婷的翻译，病人家属硬塞给她 1000 元钱。在多番推辞之后，陈婷婷只得收下。

自从这次事情后，陈婷婷在那位病人所住医院出了大名。只要医院里有临危病人言语含混不清，亲人听不懂，都会来找陈婷婷帮忙。如此过了半年以后，陈婷婷看到这一冷僻市场的巨大需求，既可以帮助亲属了却遗憾，又能获得收入，因此决定专门从事临终翻译。

目前，陈婷婷每次翻译收费每天 300 元，每小时 50 元，依靠着这项技能，她每月收入可达 12000 ~ 15000 元。凭着自己的善心和敏锐市场直觉，她终于在这片冷门的市场中，找到了属于自己的人生天地。

你需要具备的：

1. 读唇术。

要想听懂临终病人的话，你必须能够从病人唇形运动中解读出病人所要说的话，这需要你学会读唇术。其实读唇术的学习并没有传说中那么玄妙困难，只要平时多观察电视中播音者的嘴唇动作，辅以专业书籍即可。

2. 良好的听力。

在掌握读唇术的同时，还需要你具有良好的听觉，可以凑近病人唇边，听到病人微弱含混的话语，这样配合读唇，才能更准确翻译出病人所说的话。

3. 爱心和耐心。

临终翻译既可以创造财富，也能为病人和家属了却心中遗憾，使病人可以安心走完人生最后一段旅途。只有怀着一颗善心，耐烦细致的为病人服务，才能换来自身事业的长远发展。

赚钱是有方法的：

1．通过医院寻找客源。

在大中型城市，医院的重危病房会有许多临终病人家属有此类需求，因此可以与医生或者医院洽谈此类业务，建立固定合作关系，必然能够为自己事业带来长远发展。

2．服务专业是业务发展扩大的基础。

俗话说，没有金刚钻，不揽瓷器活。要想在这一行业获取较高收入，从业者必须不断在实践中提高自己。只有在每次服务中能准确翻译出病人的话，才能为自己赢得良好口碑，将生意做大做强。

温馨小贴士：

临终翻译需要经常在病房与病人打交道，并且需要与病人近距离接触，因此应该佩戴口罩，注意自身健康卫生，定期检查身体，避免病菌感染。

总评：

临终翻译是新兴行业，它要求从业者有较好的听力，而且能够通过读唇准确解读出病人的话。在这一行业中站稳脚跟，积累良好口碑后，可以通过开办专业的临终翻译公司，打造品牌效应，在这一新兴市场中迅速抢占先机，赢得人生辉煌。

网络翻译，不用看老板脸色的自由职业者

人物故事：

你是不是早已厌倦了职场里的勾心斗角，厌倦了每天固定时间上下班枯燥无趣的生活，渴望自由又能有稳定体面的收入；你是不是希望每天睡到自然醒，又能够过上物质充裕的生活……在以往，这些对生活的要求是

矛盾的，不可调和的，但是在互联网时代，有一群新型的SOHO一族，却将以往不可实现的梦想变成了现实。

SOHO一族不用每天和许多人一起挤公交车，不用到了午间去吃楼下昂贵毫无营养的盒饭，自己通过网络承接一单单生意，自己的时间自己做主。在SOHO一族中，又有许多是从事自由翻译工作，这种不受地点和时间限制的工作方式，充分发挥了工作者的创造性和潜质，因此受到许多精通外语年轻人的青睐。

年轻的李远就是一名通过网络承接翻译业务的自由职业者，只是他走上自由翻译之路的故事要比常人曲折和传奇得多。

李远是内蒙古师范大学一名学生，从小患有脑积水，到了八九岁时，由于脑积水压迫到视网膜神经，视力极其微弱，只有正常人视力的三分之一。每次老师在黑板上留下的讲课要点，他都无法看清，只有到下课以后，借着同学们的笔记本抄录。

大学时他所就读的是俄语专业，凭借着自身的顽强努力，他每个学期考试，成绩都会在班内名列前茅。然而到毕业时，他才意识到现实的残酷，俄语专业本来是比较紧俏的专业，毕业时同学们都很快找到较好的工作，但是李远却因为视力问题找工作累累碰壁。如是几个月以后，他只得暂时放弃找相关专业工作的想法，在街头摆起卖皮手套的小摊。

残酷的生活并没有消磨掉他的梦想，在2001年初，网络还不太普及时，他就利用摆摊攒下的钱买了一台二手电脑，接入网络。在网络上，他找到了一片新的天地。每天晚上他都会在一个知名的俄语论坛上贴出自己翻译的文章。经过一段时间，他出色的文笔很快赢得了许多学习俄语网友的热捧。就在这时，一个长期潜水的俄语杂志编辑也找到了他，要求其为编辑所在杂志提供翻译稿，稿酬为千字50元。

当第一笔稿费邮寄到他手中时，他感到生活之门洞开了一丝亮光，原来通过网络也是可以赚到钱的。在以后的日子里，他依旧会不时在各大论坛上贴出自己翻译的文章，并习惯性的留下电话。

过了一段时间，山东一家翻译公司主动联系他，声称在网上看到他翻译的文章，文笔生动流畅，因此有一份专利申请书想请他来翻译。当晚他按捺住兴奋，小心翼翼的试着翻译了几段先传给对方看，没有想到对方大为满意。这次的翻译工作花了 3 天时间，让他收到了 1000 元报酬。这次经历极大激励了他，从此，李远决心做一名专职的自由翻译，利用网络足不出户联系业务，还能从事自己喜欢的工作。

起先，他在网络上开通博客，在各大论坛发布帖子，留下号码，需要俄语翻译的人可以通过网络轻易找到他。再后来，他不再守株待兔，选择主动加入各种翻译群，四处找活。由于他文笔扎实，翻译精确，一年以后，月收入就达到七八千元。

目前，随着人脉资源的积累，李远每个月收入可以达到 1 万多元，而且随着稿酬的提高，工作时间大为减少，每天由原来工作 8 小时，变成如今每天仅需要工作 3 小时。

李远说："虽然工作时间减少，但是我把大量的时间花在了免费翻译自己感兴趣的文学作品上。我没有太多想法，活得简简单单，以自己的兴趣工作就是人生最大的幸福。"

你需要具备的：

1. 出色的外语能力和汉语功底。

翻译是专业性较强的工作，因此它要求你具有很强的外语能力和中文功底。只有具备这些，才能实现收入的稳步长期增长。

2. 自控能力强。

许多自由职业者都会有"拖延症"，即工作明明迫在眉睫需要做完，却可以无理由无限期的拖延下去。拖延症影响了工作进度，长期发展下去会对个人职业发展形成阻碍，因此需要从业者具有较强的自控能力，合理的时间规划，能够有效完成每天工作。

3. 认真负责的专业精神。

每一次的翻译任务，既是工作，也是提升自我翻译水平的训练。只有持着认真负责的态度对待每一次的工作任务，才能不断提升自我翻译水准，为自己的职业长远发展打下良好基础。

职业提醒：

1. 主动出击才有未来。

自由翻译者在从业初期，往往会存在着翻译业务量少的情况，这时候应该主动在各大翻译论坛、翻译 QQ 群等寻找翻译任务。通过接到更多的翻译任务，可以剔别出一些诚信的翻译公司或者工作室，早日实现收入稳定和长远发展。

2. 不断学习才是赚钱的法宝。

西方谚语有云，罗马不是一日建成。自由翻译行业也是如此，要想在业内提高知名度，获取稳定的高收入，需要你不断学习自己所熟知语种类的各种专业生僻名词，训练出色文笔，提高自身翻译水平，其后才可能通过高质量的服务，建立影响力，为自己带来令人羡慕的财富。

3. 注意防范风险。

互联网为个性独立、热爱自由的人带来了极大的机遇，但是也会由于目前诚信机制不健全，而可能遇到骗取翻译，拖欠翻译稿酬的情况。因此在选择合作对象时，应该尽量选择比较大，口碑较好，诚信度高的公司签订翻译合同，这样才能将风险降到最低。

职业进阶：

创业者在度过初期阶段后，积累了一定的人脉和合作资源，这时候可以开设工作室或者注册翻译公司，承接更多业务，下包给其他人翻译，以赚钱更多财富。

总评：

互联网时代的到来，必将会让那些在某种兴趣爱好上有较为深入造诣的人，通过互联网这一平台获得大量财富。如果你热爱翻译工作，具有良好的外语能力和出色的文笔，那么赶快加入这一行业吧。它不仅可以让你实现人生价值，更重要的是给你大量充裕的时间，获得他人在传统职业中无法企及的自由和财富。

兼职导游，边逛山水边赚钱

人物故事：

浙江师范大学有一名小女生，在校内小有名气，拥有无数“粉丝”。她靠一张嘴就拉来某商家的3万元旅游赞助；其他人愁眉苦脸、焦头烂额找工作时，她在大一时已经月收入过万，在旺季时甚至工资比某些工作多年全职导游高出几倍。

这名小女生叫王琳琳，今年20岁。从小她的梦想就是做一名导游，能够四处游山玩水，在带他人游玩中，不知不觉赚到钱。为此，在高中时，她就自考了普通话二级甲等证书，并且考取了导游证。

高中一毕业，暑假她就不知天高地厚的去一家旅行社应聘导游工作。旅行社经理一看她才十七八岁，自然不放心将几十人的旅行团给她带，这次求职以失败告终。

有了这次求职失败的经历，外向机灵的王琳琳留了心。过了几天，她又去另外一家旅行社面试。这次她化了比较成熟的淡妆，说话时将声音压得低沉，对方见她虽然身份证上年龄小，但是聪明伶俐，侃侃而谈，便破格录取了她，成为一名兼职导游。

在跟了两次其他导游的旅行团以后，旅行社见她处事得当，爽朗热情，便让她自己独立带团。起初，她以为独立带团不过就是一路讲解，外加各种游山玩水，可等到自己接手时才发现并非如此简单。为了让顾客能够吃好饭，经常自己吃不上饭；晚上常常为了背导游词，而直到半夜一两点才睡，遇到床位紧张时，只能打地铺；在顾客出现不满情绪时，还要耐心的抚慰……

虽然辛苦，但是王琳琳还是从这次带团经历中学到不少东西，更重要的是，这次为期七天的带团经历，让她获得了1000多元的收入，这可是她长这么大赚到最多的一笔钱。

有了这次单独带团的经历以后，她再带起团来可谓得心应手，每到一地点时，她都会提前安排好住宿地点，并且与当地商家取得联系，尽量获得更多优惠。这样过了几个月，由于她生性活泼，喜欢与同行交朋友，很多其他公司的团在忙不过来时，也由她来带。到了大二期间，由于她带的团比较多，每月收入已经能够超过万元。

王琳琳介绍，兼职导游要想获取较高收入，就必须具有良好专业的服务，以及面对突发状况的良好处理能力。这样才能在导游行业内建立影响力，而旅行社正是根据导游的业内影响力来付给薪酬的，业务能力和影响力越强，旅行社开出的薪酬才会越高。

王琳琳举出一个例子。某年夏天，她带一个五六十人的团，从杭州出发，去外地海边玩。原来以为夏天去海边玩比较清凉，游客比较开心，但是没有想到路上遇到前方车祸堵车。车子在路上足足堵了4个多小时。

夏季天气炎热，这时候出现堵车是非常容易影响游客心情的，游客在车内抱怨不断。司机为了节约成本，也不愿意继续开空调，王琳琳知道在这种闷热状况下不开空调，是会引起顾客集体退款的。因此当机立断向旅行社申请增补司机空调费用，在经过旅行社许可后，司机才最终答应全程开空调。

解决这一问题后，王琳琳又拿起话筒唱歌，并且拉起顾客表演舞蹈，这样一番抚慰，客人才渐渐没有了抱怨声，安然度过了漫长的几个小时。

王琳琳说，做兼职导游时间自由，在度过职业初期的不适应以后，一切就会如鱼得水，既可以在获得高收入的同时游山玩水，还能交到大量的朋友，具有其他传统工作无可比拟的魅力。而更重要的是，各地游玩的经历大大增加了她的见识，这才是她日后实现人生辉煌的基石。

你需要具备的：

1. 乐观外向的性格。

导游在带团中需要讲解各地旅游景点，积极与顾客沟通，排解旅游中出现的意外和问题，因此需要从业者有乐观外向、积极的性格。

2. 导游证。

在通过专业考试获得初级导游资格证以后，再考取导游证（导游IC卡）。

3. 能够适应长期外地出行。

导游需要经常带团出行外地，因此要求从业者能够不晕车、不晕船，并且习惯长期四处出行。

职业提醒：

1. 人脉很重要。

兼职导游通常需要从多家旅社承接业务，因此需要导游有出色的人际交往能力，能够在行业内建立自己的人脉，才能获得长足发展。

2. 注意自身形象。

导游服务对象为陌生人，因此往往第一感官极为重要。在工作中应该化淡妆，保持衣着整洁得体，不穿过于性感的服装。在衣着上建议主要以休闲服饰、运动服装为主。

3. 做好游客的安全防护工作。

在游览时，应该以游客的安全为第一要务，避免游客进入危险区域。在景区应该叮嘱游客尊重当地风俗习惯和景区管理规则，以避免与当地人或者景区管理人员发生冲突。

4. 及时排解游客不满情绪。

游客在整个行程中，如出现不满抱怨情绪，应该加以及时疏导，避免在游客中发酵，演变成退款行为。在与顾客沟通过程中，语气谦虚诚恳，才能赢得他人尊重，圆满解决问题。

职业进阶：

兼职导游在业内积累较深资源和人脉后，可以考虑组建旅行公司，充分利用自身资源，将事业做大做强。

总评：

根据国家权威机构的调查显示，中国国内旅游市场和出境旅游市场均居世界第一位。随着我国居民收入的稳步提高，旅游市场仍然在持续发展，因此与旅游市场发展紧密相关的导游职业，具有广阔前景。

兼职导游具有灵活、时间自由的特点，为当下许多喜欢自由，热爱旅行的青年所青睐。在这一行业中，只要你能够不断学习，具备出色的沟通能力，以及良好的服务意识，必然能够与日俱进，走出一片属于自己的广阔天地。

翻译公司，“抱团”才有大市场

人物故事：

译文国际是一家位于上海的主营外国企业文件资料翻译业务，在全国拥有几十家翻译连锁办公分公司的大型公司。让人称奇的是，这家公司的创立者居然只有25岁，名叫陈晓燕。

陈晓燕是湖南人，毕业于上海复旦大学。大三时在一家知名外企实习期间，她发现大型外企需要翻译的材料非常多，公司内部的翻译人员往往有限，忙不过来。而周围又没有专门针对外国企业的翻译公司，因此公司内部的翻译人员常常加班到半夜一两点。

这段实习经历让她印象深刻，她想为什么不能开办一家专门针对外企的翻译公司呢？陈晓燕此时是初生牛犊不怕虎，完全没有想到翻译公司在实际经营中的困难，仅仅凭着满腔创业热情，便租了一间简单的民居匆忙开业了。

公司开张以后，寻找客户就成了摆在陈晓燕身边的第一个难题。好在很快机会就来了，一个在花旗银行实习的同学告诉陈晓燕，花旗银行有大量的翻译业务需要外包。陈晓燕听到这个消息，当即兴奋的坐着公交车，颠簸了一个多小时，赶到花旗银行总部。但是结果十分失望，花旗公司看到前来的只是刚毕业的大学生，当即明确告知，他们需要找有信誉的大型翻译公司合作。

被泼了一盆冷水的陈晓燕并没有气馁，她想出一个办法，既然这些外企很多都需要翻译业务外包，那么何不直接将合作意向书，投递到对方公司邮箱呢？

这些意向书在投递到外企邮箱后，了无音讯。就在她几尽绝望时，忽然收到了一个署名为王劲松的邮件。她打开邮件一看才知道，王劲松是麦肯锡公司翻译部的经理。在信中麦肯锡的经理毫不留情的回复：作为一名翻译公司，应该具备最起码的专业精神，在意向书中居然还有错别字，如何奢谈合作呢？”

遇到这种情况，常人必然选择知难而退，但是陈晓燕却打电话坦率诚恳的告诉王劲松：“我是一名刚刚毕业的大学生，目前处在创业的初期阶段，你的意见对我很重要，我可不可以请你吃顿饭，向你讨教下。”

王劲松本来不想为自己添麻烦，但是对这位小姑娘的坦率和执着产生了好奇，便答应见面。没想到两人见面一顿饭下来，却相谈甚欢，王劲松身处职场多年，激情尽为消磨，深深被陈晓燕身上那股理想主义气质所感染。

见面时，王劲松不仅与她分享了许多大公司的办事经验，告诫了她许多创业初期要注意的问题，还决定为她介绍业务，帮助渡过创业初期的难关。在王劲松的帮助下，几天以后，陈晓燕有了第一个客户——一家法国机械制造公司。

有了这笔业务以后，陈晓燕一个人忙不过来，又雇佣了两名外语专业的大四学生。同时，她也意识到在创业初期靠单打独斗是极为困难的，便邀请王劲松加入她的公司，利用其外企资源，为公司获得更多客户。

在王劲松加入公司后，由于他在外企多年，拥有深厚的人脉资源，因而在短短几个月之后，公司就又新招入数名员工，实现月盈利十万多元。

“翻译行业实现公司团队化运作，可以保证每个人专注于自己的专业领域，这样尽可能的保证不出错，实现利润最大化。例如在我的公司内，我主要负责公司的日常管理运作，对外接洽，王劲松主要负责提供客户资源，并且给出一些专业的指导意见，员工负责具体翻译工作，翻译完成后有专门的人审阅修正，以保证翻译的准确度。”王晓燕介绍说。

在尝到这种团队化运作的好处以后，由于公司业务量急剧扩大，陈晓燕又在外地开设了多家连锁翻译店。目前实现月盈利30多万元，并准备在三年内筹划上市。

你需要具备的：

1. 注册成立公司。

注册成立公司，需要妥善办理各种手续。

2. 办公场地和各种办公设施。

开设翻译公司，需要办公场地，通常选择租用写字楼。另外需要购置电脑、安装电话、添置桌椅等。

3. 一定的管理能力。

开设翻译公司需要招聘员工，制定绩效标准，对员工进行管理、培训等，因此需要创业者自身具有一定管理能力。

4. 对翻译领域有一定熟知度。

开设翻译公司并不一定需要你具备出色的外语水平，但是需要你对翻译领域有一些了解，最好之前从事过相关领域工作，这样才能迅速找到客源。

职业提醒：

1. 网络是找到客源的重要途径。

对于刚成立的小型翻译公司来说，在你没有一定客户资源情况下，通过互联网找到客源是一条打开市场的重要捷径。目前在网上有许多翻译需求的发布，创业公司初期可以通过网络搜寻到信息与之洽谈，在确定其诚信可靠后，建立合作关系，为自己找到初期客源。

2. 员工是公司长远发展的基础。

小型翻译公司在创业初期，可以尽量少雇佣员工，在业务量较多的情况时，可以通过网络寻找兼职人员将业务下发，以尽可能的节约公司运营成本。在招聘员工时，应该尽量选用诚信负责、翻译精确的人，只有能够提供出色的翻译服务，才能实现公司的久远发展。

3. 学会规避风险。

翻译公司创业成本并不太高，但是在初期阶段，往往存在顾客拖账、坏账，造成资金周转困难的局面。因此选择业务合作对象时，应该对其在业内的口碑和诚信度有一定了解，尽量避免出现拖帐甚至无法收回款项的情况，以免造成公司运营陷入困境。

职业进阶：

翻译公司要想获得长远发展，最重要的是能为顾客提供专业可靠的服务。在提供专业高标准的服务，业内积累一定口碑后，可以考虑在其他城市开设连锁公司，塑造品牌，获取更大利润。

总评：

随着全球经济一体化进程加快，越来越多的外国企业进入我国市场，同时也有更多的本国企业需要与外国企业进行交流合作，这一大趋势为翻译市场带来了极其广阔美好的前景。

翻译公司创业主要是发挥其团队效应，在整个流程中实现专业化运作，让团队中的每一个人都能各司其职，确保实现更高效率，从而为创业者创造更大利润。

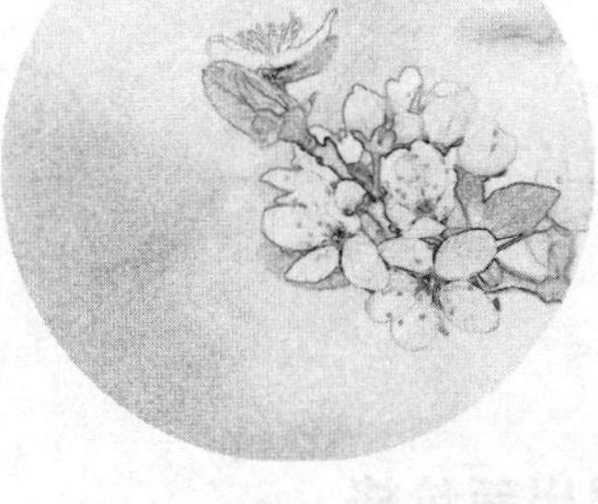

第八章

废旧回收：隐藏许久的无限商机

GRASSROOTS ENTREPRENEURSHIP 100 WAYS

二手书店惹人爱，老书卖出新价格

人物故事：

在大家的印象中，二手书店一般都是地处偏僻的街角巷尾，书店里空间狭小、灯光昏暗、书籍陈旧，而且零零散散地摆放着，到处散发着一股霉旧的老朽气息。所以很多人都觉得这样的书店一定门可罗雀，只不过是小本经营，勉强糊口罢了。

但是，南京的小翟却用他的二手书店——三味居改变了人们的看法。小翟的书店位于广州路上，店名取自鲁迅上学时的“三味书屋”。一走进他的三味居，就能发现这家店铺和传统的二手书店有着明显的区别：装潢简洁，灯光明亮，一排排的书架井然有序地站立着，绝大多数的旧书整洁干净，和新书基本无异。要不是书架上有些书籍看起来有点卷边和泛黄，你还以为你进来的不是旧书店，而是新书店呢。

“其实这个实体店里你能看到的书，恐怕还不到我所拥有的四分之一。我还有更多的书都放在仓库里，这里所卖的书基本都是七八成新的，而那些低于七成新的书，很多都是网络卖出的。”讲到自己的二手书店，小翟得意地介绍起来。

做旧书生意，最重要的就在于货源。小翟所收购的旧书基本通过两条途径所得：一是收，二是买。所谓的收，就是按斤论两的收购，每个星期小翟都会去一些废旧品收购站淘一淘旧书，每个月他也会在南京各大高校里收购图书，这些书基本就是废纸价。而他买来的书都是七成新以上的，有固定的生意伙伴给他提供，当然也有广大市民上门卖给他的。这些书籍如果能达到九成新，或是全新，就按原价的20%买下。有的书籍虽然看起来脏乱，但是简单清洁下也能恢复到七八成新以上的，就按原价的10%买下。还有就是书籍本身有七成新，但是有签名涂鸦和页面残缺之类的，那就不予购买了。

小翟现在同时经营着实体店和网店，网店所卖旧书的价格基本是原价的20%，而实体店里的书籍则按原价的40–50%出售。“店里面卖的书有的只被人看过一两遍，有的就是全新的，这样的书以半价出售绝对是物超所值。”小翟的书店已经营运了3年了，据他所说，他的三味居在第一年基本没赚到什么钱，只够维持店面房租，但是却积累了不少的固定客户，到了第二年突然就收获了纯利润65000元，而今年仅上半年便已经盈利6万了。在他的三味居里，用买二手书的价格能买到新书的质量，还得到优越的购书体验，而且通过网购还能足不出户就能享受送货上门的服务，这完全改变了传统二手书店的模式。

“但是别看我现在看着这个店挺轻松的，其实每天都忙得一刻不停。”据小翟说，他每天白天都在对书架上的书籍进行分类、修饰、匹配后摆放整齐，这样既便于出售与顾客挑选，也能增加旧书的流动性，加快资金的流动与回收。到了晚上还要把收来的各种旧书进行整理和消毒，这些背后的付出都是常人一般看不到的。“而且现在的图书生命周期越来越短，那些新书一上市，也就能火上半年。要是超过了一年，除了那些工具书和文学名著外，基本上就无人问津了。所以得在趁着书籍红火的时候加大宣传力度，尽快地把这些书销售出去。”小翟一边说着，一边收拾着书架上被人翻乱的书。

你需要具备的：

1．2万～4万元的启动资金。

启动资金用于在学校附近租赁一间门面以及收购二手旧书。

2．办事勤快。

必须保持书店内环境的干净整洁，还需要不断对书籍进行保护和修饰，以增加消费者对书店的好感度。

3．善于交流的能力。

要把顾客当成自己的朋友，多和顾客讨论有关书籍的话题，一方面有利于培养熟客，另一方面也能掌握最新的图书流行动向。

赚钱是有技巧的：

1．注意地理优势。

根据前期的市场调查，以及对周边环境观察，这样的二手书店的最好要符合以下几点：

在学校附近没有大型书城、书店；

以方便学生为主，不追求绝对有利的高价区域；

不选择有大型、书籍齐全且更新能力强的图书馆的学校作为核心；

避开餐饮、娱乐商家，尽量挨着超市、文具用品店。

2．需要及时补货。

做二手书店需要时常外出淘书，也能接受送来店里的零散书，必需保证店内图书经常更新。比如有个客人第一次来买了几本书，过几天再来看，发现书架上还是这些书，那么就会让他缺乏新鲜感，以后就很难成为回头客了。想要留住客人，就得让他们每次都有新的收获。一般来说进货渠道包括，到学校宿舍区收书，居民送来的零散书，与旧书批发商、出版社、书店联系长期合作等。

3. 辅以促销手段。

可以提供便利、快捷的送货服务，对那些有购买需求的顾客，在一定范围内送货上门。另外可以开办会员制，对其实行购书优惠措施，以便培养长期顾客。

风险规避：

二手书店市场巨大，但其主要风险还是在于店面的房租问题，以及相应的管理手段。所以选定良好的店面位置还是非常重要的。另外一点在于自古以来都有所谓“窃书”的雅贼，因此加强店内书籍的监管也十分重要。

职业规划：

二手书店前期自然需要一个固定的店面，等到一两年生意渐渐稳定下来后，可以考虑开设网上书店，利用如今快捷便利的物流行业，一定范围内提供送货上门服务，远处的可以快递送达，这样就能把生意规模扩大。

总评：

随着中国高等教育的发展，在校大学生日益增多。大学生没有固定收入来源，很大程度上依靠生活费，而他们又需要在书籍方面花费相应的金钱，买崭新的书籍又消费过高，所以二手书店的发展前景十分乐观。二手书籍的优势在于成本低廉，可以收购学生的旧书。其次在于顾客集中，这样的顾客主要集中在学生群体，而且一般以班级为单位。另外操作的技术含量不高，只需对书籍进行简单的清理消毒以及对书架的时常整理即可。

以武汉科技大学为例，该校有学生 3 万人，假设有 1 万人要买二手书，每人每学期需要 5 本，一年就是 10 本，而每本二手书至少能赚 3 元，则每年有 30 万元的利润。武汉大学城周边有十余所类似的高校，这样市场容量便能达到 300 万元了。由此可知市场庞大！

但与此同时，二手书店也不能完全依托学校，理想的选址是在学校与居民区相结合的区域。另外书籍配置也要更为多样化，除了教授、学生需求的图书以外，也要配置一些大众化的生活类、少儿类书籍。

衣物回收，2000 元起家成老板

人物故事：

我们平时穿的废旧衣服怎么处理？相信许多人的第一反应就是送到垃圾桶扔掉。但是河南的一位农民却从中发现了巨大的商机，用身上仅有的 2000 元起家，从回收旧衣服起步，变身城市有车一族。

一进河南郑州陈建军所在的小区门口，你就会看到一个黄色的巨大横幅，上面醒目的红色大字写着“回收废旧衣服，变废为宝”的字样。这个横幅广告语正是陈建军亲自设计的。

陈建军今年 32 岁，原本是河南信阳农民，在家以种地为生。自从 5 年前母亲去世，家境贫寒的他迫于生计，只好只身来到城市打拼。起初，他先后做过餐馆服务员、工地小工等，都没有任何起色。在万般无奈下，他看到许多城市居民都习惯将一些看起来十分好看的旧衣服扔进垃圾桶，于是灵机一动，心想，我可不可以把这些旧衣服回收起来，变废为宝呢？

他四处打听，最后在老乡处打听到，废旧衣服是有人收购的。只是由于旧衣服是按照公斤计算的，而且价格非常低，要由卖的人亲自送到收购处，因此绝大多数城市居民嫌麻烦，直接扔进垃圾桶。

陈建军想，既然居民嫌送到收购处麻烦，那么我每天走街串巷以较低的价格收购衣服，必然能够回收到许多旧衣服。于是，他花了 800 元钱买了一辆旧人力三轮车，用身上剩下的 1600 百元作为回收旧衣服的资金，开始了自己“走街串巷”的创业之路。

许多居民家中都堆积着不少旧衣服，这些闲置衣服占去大量衣柜空间。这时有人主动上门花钱收购，许多人自然求之不得，短短一天时间，陈建军就收了7车旧衣服，把这些衣服卖掉，除去成本一算，他居然赚了200多元。

这种不起眼的职业尽管卑微辛苦，却让陈建军发现了一个巨大的空白市场。从此，他每天起早贪黑的蹬着三轮车四处走街串巷回收旧衣服，短短一年时间，就攒下了七八万元钱。

第二年，陈建军意识到这一市场虽然大有可为，但以走街串巷方式收购效率是非常低的。于是他开始每天跑各种废品回收点，告诉各处废品回收点，如果有旧衣服可以堆积在一起，他会定期前来收购。

许多废品回收点的老板之前并不知道旧衣服可以卖钱。这时听到这一消息，便纷纷开始从拾荒者手中收购旧衣服，然后再转手卖给陈建军，不到一年时间，陈建军便几乎占领了郑州旧衣服回收大半市场，陈建军每个月的收入开始达到几万元。

有了丰厚的收入，陈建军购置了一辆大卡车，只要旧衣服堆积得足够多时，废品回收点的老板就会打电话陈建军亲自上门拉。陈建军有了大卡车，也开始越过本地上层旧衣服交易商，直接与异地旧衣服商人交易，这让陈建军获得了更丰厚的利润。

陈建军说，这些旧衣服主要用于制造建筑业铺路的毡毯和工地帐篷。这份看不起眼的生意，既让他赚到了钱，又为保护城市环境出了一份力，使他从一个一贫如洗的农民，终于成功跳出了“农门”。

你需要具备的：

1．2000元启动资金。

废旧衣物回收并不需要太高的成本，适合小成本创业。你只需要花几百元钱买一辆二手人力三轮车和1000多元回收衣服资金即可。

2. 能够放下“面子问题”。

职业不分贵贱，当年韩信落魄时，曾忍胯下之辱，可以说正是能屈能伸，才成就了后来帮助刘邦建立大汉朝的韩信。回收旧衣服，对于年轻人来说，始终会有“面子问题”的困扰，只要你敢于放弃一时的面子和荣辱，果断从他人不关注的低处起步，假以时日，必然能够站在人生高处俯瞰世界。

3. 敢于吃苦的魄力。

走街串巷收购旧衣服，需要你有健康的体魄，以及有“吃得苦中苦，做得人上人”的决心和信念。只要你能够埋头踏实苦干，必然能够为自己拼得一个美好未来。

温馨小贴士：

通常居民家中的旧衣服堆积时间较长，会沾染大量灰尘和细菌，因此在回收旧衣服时，应该戴上口罩，定期检查身体，注意个人卫生，避免出现健康问题。

职业进阶：

废旧衣服回收目前在许多城市属于空白市场，是一门本小利大的生意。在创业前期摸索一段时间后，可以积极寻求外地供销信息，考虑与各大废品回收点联系，由他们代为收购，然后装车大批量运往外地交易。目前各地的大型废旧衣服交易商，通常年盈利达20万元以上。

总评：

根据权威机构的调查统计显示，目前中国每年大约会废弃旧衣服2600万吨。中国服装业年产值约为1.3万亿元，相对这一庞大市场，旧衣服回收市场非常巨大。

由于信息不畅，这一行业却少为人知。目前广东每吨旧衣价格为5500～7300元，浙江为5300～7100元，江苏则是5000～6800元，中国仅仅有2000多家旧衣服回收企业。这些回收后的衣服一部分有可穿着价值的，会在经过洗涤、消毒、加工以后，运往二手市场或者通过外贸公司出口到非洲。另一部分则会加工成拖把、地毯，以及建筑用品。只要能够敏锐的掌握旧衣物市场的行业信息，从小处做起，逐渐扩大，必然大有前景可为。

从陈建军的故事里我们也可以看到，要想获得成功，就必须有一双能够灵敏发现机遇的眼睛。商机往往隐藏在那些少有人走的路上，只要你能够放下身段，持之以恒，成功并非遥不可及的梦想。

家电回收，旧家电里有大“宝藏”

人物故事：

“回收旧冰箱、旧空调、旧彩电、旧洗衣机……”在街头巷尾，我们几乎每天都能够听到小贩喇叭里喊出这些吆喝。回收这些旧电器真的很赚钱吗？为什么有如此多的人从事这一行业？没错，旧家电回收生意虽然看起来不起眼，但是里面确实大有“钱”途。

张师傅今年42岁，来自湖北孝感，目前就是一名专业从事废旧电器回收的小老板，靠着回收废旧电器，他每月收入在8000到12000元。在从事此行业之前，他是一名城市建筑工地上的杂工，日收入约100元，累且不说，每天回来身上永远是一身脏兮兮的建筑泥垢。

2011年春节，他带着全家老小回家过年，遇到一个多年未见的小学同学。小学时这名同学因为家里贫穷，总是穿着脏兮兮的衣服，冬季总是流出长长的鼻涕。但是这回见面，却让他刮目相看。原来这位当年其貌不扬的同学如今已经开上了雪铁龙小车，身上衣服也是穿得整整洁洁，全然无法将他与那个当年班里最穷的孩子联系到一起。

两人一番寒暄后，张师傅自然免不了问同学是怎么样发的财，这位同学却神秘的笑了笑说："我没有文化，哪里能谈得上发财，不过勉强糊口罢了。"脑筋活络的张师傅见这位同学不肯坦诚相告，便约定晚上请他吃顿饭，一起叙叙旧。

到了晚上，这位同学如约而至，两人酒过三巡，回忆起陈年旧事，距离拉近了不少，浑然没了多年未见的生疏感。这时，张师傅乘着酒意，又问起老同学目前从事什么行业。老同学看出张师傅是"醉翁之意不在酒"，便索性坦诚相告："我在外地从事废品收购生意，这行当看起来又脏又累，许多人都瞧不上眼，但是真正做出了门道，一个月赚上万儿八千的不是问题！"

张师傅见老同学酒后吐真言，十分感激，当下又是一番推杯送盏，直到两人大醉方休。张师傅虽然是酒后听了这番话，可是却暗暗放在心里。春节过后，他便辞去了建筑工地的工作，做起了废旧电器的回收生意。

最开始，他脸皮薄，别人都是走街串巷的放声吆喝，他却常常羞于开口。因此一天下来，别人能收到好几件旧家电，他却常常一无所获。后来时间一长，他琢磨出了一个方法，买来一个扩音器，把吆喝声录进去，这样既省了力气，也免得大庭广众下难为情。这样一番"技术改进"以后，张师傅每天也能收到好几件电器，每天可以收入几百元，是以前在建筑工地收入的好几倍。

张师傅介绍，目前在武汉约有5万多人从事家电回收，通常月收入在6000～12000元。这些人大致分成两类：一类是像他这样骑着电动车走街串巷。一般当遇到有出卖的电器时，他会根据电器的新旧程度，是否可用来和出售者商量价钱。如果遇到没有什么维修价值的家电，他们会把价格压得很低；另一类是租有小门面的个体经营者，他们通常从张师傅手中买来旧电器，如果可用，就简单喷漆再重新转卖。如果不可用，则拆开按斤卖废铜废铁。

在介绍自己的生意诀窍时，张师傅说：“别看这门生意不起眼，但是要想赚大钱，还是大有诀窍的。在遇到有出售旧电器的卖主时，应该多‘磨价’，只有收购价格尽量压低，才能赚得更大利润。而在卖给有需要的买主时，则应该在买主可接受范围内尽量抬高价格，这样才能保证不做亏本生意。”

谈到未来打算时，张师傅说，再过几个月，他希望租下一个小门面，专门从事旧电器的倒卖生意。这样既不用大街小巷满地跑，还能获得更高收入。

你需要具备的：

1．2万元资金。

用于租用门面，流动资金周转。

2．敏锐的眼光。

卖家送来旧家电时，要求经营者有比较敏锐的眼光，能够迅速判断家电是否还可以维修重新出售，从而做出准确估价。

3．一定的家电维修手艺。

回收后的家电，即使具有再使用价值，也往往需要做一些简单维修。这要求经营者会一些简单的家电维修技巧。

职业提醒：

1．及时清洗。

旧家电在回收进来之后，往往积存较多尘垢，因此需要进行清洗。这样能够让购买者获得良好印象，以更高价格成交。

2．不要把价格定得过高。

消费者购买旧家电，最主要是为图实惠便宜，因此对回收的旧家电，不可定价过高，这样才能保证家电及时出售，避免大量货物积压。

3．搞好与小贩关系。

如果自己不亲自出门回收旧家电，就应该与小贩搞好关系，不在收购时把价格压得过低，这样能够保证货源充足，消费者可以及时买到自己心仪的旧家电。

温馨小贴士：

堆放旧家电的房屋应该定时消毒清洁，避免旧家电上滋生细菌，影响自身健康。

职业进阶：

在初期如无太多创业资金，可以从走街串巷骑车直接向居民收购开始，一方面可以不用太多资金，另一方面可以了解市场行情，积累经验。有一定资金情况下，可以租用门面直接从小贩手中购入，转手卖给有需要的人。生意比较好时，还可以兼营废铜废铁、建筑钢材回收等，获得更大发展。后期还可注册废品回收公司，实现大规模运营。

总评：

目前科技产品以及家电更新换代比较快，许多家庭都有即将废弃的旧家电。根据媒体的报道，从2011年起，我国就已经进入国际通行定义上的家电报废高峰期，每年报废量超过7000万台，且目前仍以30%的速度递增。

这一市场适合那些初期无太多创业资金，不甘心做上班一族的草根者创业。只要你能吃苦耐劳，不断学习，必然能够一步一个脚印的攀登上成功阶梯。

回收旧手机，网络渠道年入30万

人物故事：

几年前从学校毕业时，周晓云还是一个喜欢看IT人士传记，幻想能够通过网络改变自身命运的青涩少年。但是如今他每天和员工一起处理着大堆的废旧手机，看起来像金庸武侠小说中诚恳踏实的郭靖。他的创业故事，会让人觉得性格决定着每个人的命运。

周晓云谈到自己的长处时，显得非常腼腆。他说自己并没有什么特长，也没有良好的社会关系。他唯一的特点就是喜欢阅读和思考，做事踏踏实实。正是凭借着这一点，他才能把毫不起眼的废旧手机回收，做成一门年入千万的大生意。

周晓云毕业以后，之所以能够立刻创业，是因为他早在大二时就在淘宝上卖手机，当时已经可以达到月收入四五千元。这时喜欢思考的他开始琢磨，淘宝上每天有这么多人买手机，就必然会产生很多废弃手机，如果他能够通过网络渠道，方便快捷的把这些手机回收过来，那该是一门多大的生意！

毕业后的周晓云初生牛犊不怕虎，凭着一股无所畏惧的勇气，参加了当时上海东方卫视的一档真人秀创业节目。与此同时，他还把回收旧手机的想法写成商业计划书，通过网络直接投给各个著名的天使投资人。后来，上海一家风投公司的高管看到这名年轻人的独特创意，产生了浓厚兴趣，但是由于此时的周晓云既无名气，也无太多社会经验，这名高管只是试探性的给了 3 万元资金，让周晓云实践自己的创业想法。

2010 年，周晓云利用这笔钱创办了一家专门回收手机的网站，通过比较细化的定价策略来吸引顾客，而且开通了 QQ 等客服渠道。当顾客与客服达成合作意向时，就会通过快递邮寄旧手机过来，而本地城市则可有工作人员上门回收。

这时他的同学们都已经是意气风发的小白领，但是他骑着电动车四处收手机，与街头收塑料瓶的小贩无异。当收到第一批总价值约两万多的旧手机以后，他在网上四处寻找回收旧手机的经销商，经过多次比较后，他找到一个广州的二手手机店主，将手机快递过去，几天后他收到了 4 万元货款，第一步生意令他兴奋不已，因为他从中足足赚了6000元钱。

从此以后，周晓云就安心做起这门生意。他会每天在网络上搜索二手收购商，通过详细的对比分析。如果在本地，还会约收购商出来见个面。在感觉对方比较诚信可靠后，就将手机快递过去。

在运营半年以后，周晓云通过这种新颖的网上回收手机方式，已经每月可以收到约1000部旧手机，这些手机卖出去以后，会为他带来2万～3万元的利润。在旧手机为他带来如此高额收益的同时，他又做起了回收电池的生意，同样通过网络将电池快递给他，他拨出收购款。然后转手把这些电池卖给二手商，从中获得差价。

在谈及自己的成功诀窍时，他说："在一个诚信缺失的时代，他在创业中往往会遵循着与其他人相反的思维，不是处处过于警惕，反倒是面对那些他感觉比较可靠的二手手机回收商，选择坦率相信他人。依赖着自己的经验和直觉，这种坦诚不仅没有令他遭到损失，反而为他赢得了许多稳固的合作关系，让事业能够迅速发展。"

在谈到未来的发展时，周晓云说，自己希望能够继续把二手手机的市场做大。在每个城市都设立工作点，当客户有二手手机和电池需要出售时，可以直接派工作人员上门取，这样既可以增强顾客信任感，也能让自己回收到更多二手手机，从这一刚刚起步的市场中获得更多财富。

你需要具备的：

1. 3万元资金。

可以在淘宝上开二手手机回收店，也可以自己建网站开店，网店装修加收购二手手机资金约需要3万元。

2. 信息收集和鉴别能力。

在互联网上，要想找到可靠诚信的二手手机收购商，并且能从中选择收购价格高，比较诚信的收购商，需要创业者具有良好的信息收集和鉴别能力。

3. 网络营销能力。

网店要想在前期获得大量人的关注，打开知名度，必须进行大量的互联网营销，这需要创业者具有一点的网络营销能力。

职业提醒：

1. 详细标明型号和价格。

互联网上收购手机，为了能够有效率的交易，应该详细注明每种型号的收购价格。

2. 制定具有竞争力的价格。

在网上收购二手手机，存在着方便、不受地域限制、无需亲自登门的优点，但是由于网络上信息便捷，卖家也可以很轻易的通过网络将各家同类网店进行对比，从中选择收购价格更高的网店。因此经营者在制定价格时，可略微高于其他网店 1 ~ 10 元，这样才可以吸引更多卖家来你网店交易。

3. 找到优质的二手手机收购商很重要。

网上收购二手手机，要想实现长期大规模盈利，必须要找到诚信，且回收价格较高的二手手机收购商，这样才能避免在交易中出现风险，并且获取更多的利润。

温馨小贴士：

二手手机在回收回来后，应该及时封包、整理、分类、装箱，这样在批量发送给二手手机收购商时，方便清点数目，节约时间。

职业进阶：

网上收购二手手机生意刚刚兴起，在初期实现稳定大额盈利后，可以摸清渠道，转型升级，做二手手机批量收购商。

总评：

手机发展到今天，更新换代速度越来越快，因此二手手机交易市场也随之迎来井喷式发展。通过网络回收二手手机，不受地域限制，无需走街串巷寻找有废弃手机的卖家，方便快捷。这一领域适合头脑灵活，熟悉互联网电子商务领域，信息采集能力强的年轻人创业。只要你能够制定出具有吸引力的回收价格，再配合前期的营销宣传，必然能够率先在这一新生市场掘得第一桶金。

回收小人书，卖的就是回忆

人物故事：

在许多人眼里，收购旧书并不是一件稀奇事。但是在湖北武汉，有一个20多岁的年轻人，专门靠收购他人废弃的“小人书”为生。这样一门不起眼的生意，如今每年可以为他带来10多万元的收入。他不仅在小人书里看到了历史的印记，还从小小的小人书里获得大财富，寻找到自我价值。

小人书又称作连环画、公仔书等，它通过绘画配合简洁的故事描述，展现故事情节，刻画栩栩如生的人物形象，在精神生活匮乏的上世纪50～90年代，一度十分盛行，成为当时老少皆宜，喜闻乐见的通俗读物。

武汉的张小挺今年26岁，他就对小人书这种童年读物恋恋不忘。每个周末，他都会到各个旧书摊，寻找这种有着浓浓怀旧气息的读物。起初，他四处购买这种小人书仅仅出于兴趣和爱好，但是一次偶然的事件，改变了他的想法。

2012年的一个周末，他照例到武汉泰宁街的旧书市场去寻找好玩的小人书。他随手拿起一套八本装的《三国演义》连环画，准备买下。平时买小人书都是五毛钱一本，因此他照例掏出4元钱来给店主，没有想到店主摇摇头说：“这套书50元。”

“50元？”张小挺几乎不相信自己的耳朵。“是的。”摊主神秘一笑。似乎看出小张的疑惑不解。店主继续慢吞吞的道：“最近小人书收藏市场很火，一般比较破旧的小人书只需要五毛，而这套《三国演义》保存得比较好，而且成套无缺，因此要卖50元。”

张小挺对此半信半疑，最终没有买下这套书。回到家后，他在网络上一搜索，原来真的如摊主所说，小人书收藏如今大热。有的小人书甚至卖出了20多万元的高价。

这一市场目前在武汉无人涉足，意识到这一收藏市场的巨大前景后，他心里一番琢磨，既然小人书如此值钱，自己又喜欢看小人书，为什么不以此作为职业呢？

最开始，他并没有辞去工作，而是趁着下班时间四处地摊上寻找成色比较好，非常少见的小人书。在淘到比较值钱的书以后，他会到专门的小人书网站上交易，由于此时小人书收藏热刚刚兴起，因此他经常能够淘到比较珍贵的小人书，半年下来，他通过交易小人书赚了五六万元钱。

通过这半年时间，他发现这门不起眼的生意确实能给他带来远远高于上班工资的收入，于是决心专门做一个回收小人书生意的商人。这时由于小人书能卖大钱的消息已经被许多旧书摊主熟知，因此要想在书摊上淘到比较值钱的小人书已经十分困难。

他决定转变“战场”，不从旧书摊上淘书，转而通过熟人以及网上的小人书交易市场淘书。由于熟人多不明白小人书的价值，因此张小挺往往只花了几元钱，便淘到交易市场上价值数千元的小人书。在网上交易市场，他则主要靠批量交易，靠规模获取利益。

如今，张小挺通过小人书回收，每月收入都超过万元。这门小小的爱好，靠着他的聪明头脑和敏锐商业直觉，终于被他做成大生意。

你需要具备的：

1. 对小人书收藏市场有一定了解。

要想收购小人书赚大钱，创业者必须对小人书市场具有一定了解。明白哪些小人书在市场上可以卖大钱。通常来说，存世比较稀少、成套无缺，题材较为冷僻的小人书具有较高的收藏价值。

2. 一定的社会资源。

小人书收藏市场刚刚火热，目前有许多人并不知道小人书的价值，因此许多具有较高收藏价值的小人书被束之高阁。创业者如果认识的老人比较多，可以通过他们打听是否家中有小人书。

3. 敏锐的商业直觉。

小人书的收藏价值目前并没有过于标准统一的评判准则，因此需要创业者在平时淘书或者网上交易时，具有敏锐的商业直觉。

赚钱是有方法的：

1. 在各小区内收购。

目前极少有人专门从事小人书的收购，因此创业者在初期可以直接到各小区收购，有可能收购到收藏价值较高的冷门小人书。

2. 通过大批量网上交易赚钱差价。

目前网上有一些专门的小人书收藏交易网站，在网上或者现实里收到一些价值不太高的小人书时，可以通过交易网站大批量转手赚取差价，获得利益。

3. 收藏稀缺小人书增值。

有一些稀缺的小人书收藏价值较高，因此可以不急于转手，通过收藏一段时间，使其能够升值，为自己创造更高经济效益。

温馨小贴士：

收藏的小人书应该存储于通风干燥的环境，避免因为潮湿、蛀虫等造成损害，影响小人书的价值。

职业进阶：

小人书市场方兴未艾，在可预见的未来，随着收藏者的增多，其交易市场必然会更加繁荣。可以考虑在旧书市场开设一家专营小人书的书店，既便于收藏到更有价值的小人书，又能获取更大利益。

总评：

小人书分为老版、新版、再版等。一些时代久远，例如民国或者抗战时期的连环画等，为收藏界公认价值较高的藏品。这一市场目前参与者较少，因此蕴藏着极大的机会，只要创业者有一双敏锐的眼睛，积极学习小人书收藏鉴别知识，多方寻找收购渠道，必然能够在这一刚刚起步市场获得大量财富。

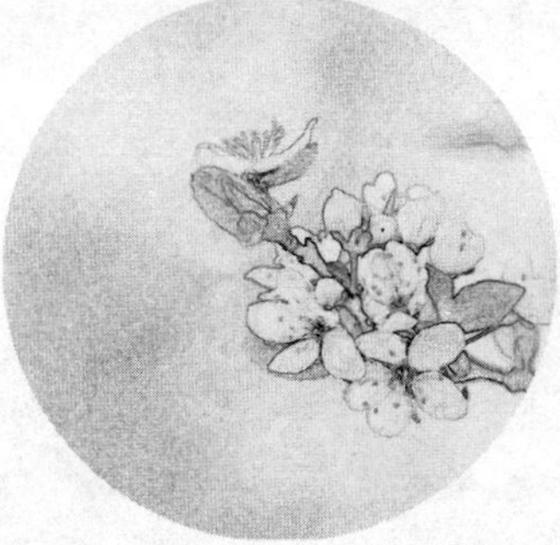

第九章

动物植物：
贴近自然的赚钱之道

GRASSROOTS ENTREPRENEURSHIP 100 WAYS

农家乐，把旅游景区开在乡村

人物故事：

在上海青浦区商塌镇牛溪村，一排排青砖黑瓦建筑里，有一座三层的朱色小木楼，楼上挂着风铃、中国结等，在青山绿水、繁花修竹的掩映下，小木楼分外特别，洋溢着浓郁的农家风情。院里盛开着鲜艳的桃花和清雅的君子兰，古旧的桌椅上摆放着洁净的茶具，几只土鸡在太阳下悠闲的巡梭。客人们在这里品尝美食，观赏秀丽的江南乡村风光，十分悠闲惬意。

这座小院名叫“江南人家”，是31岁的金立开办的农家乐。在这座小院里，你既可以吃到地道纯正的农家菜，而且还能欣赏到原生的江南水乡风光，每到假期，都会有许多上海的白领开着车慕名而来游玩。由于生意好，这种独特农家风情的旅游项目，可以让金立每月获利2万多元。

之所以会创办这座农家小院，还要从他上一次生意失败开始。2012年，做服装生意失败的金立身心俱疲，在失落之下，他决心去乡下岳父家休息一段时间，再重新寻找出路。

岳父家在安徽，那里青山秀水、空气明净，没有城市的喧闹。在岳父家的日子里，金立每天看看书、钓钓鱼、与周围的乡亲谈谈家常，生活得十分惬意。一个月下来，他竟有些“乐不思蜀”——不想再回到城市面对生活节奏快、压力大的生活。

善解人意的老婆看出他心中的想法，就向他建议，既然不喜欢城市的生活，何不开一家农家乐，把“风景区”建在乡村，吸引更多的城市人前来休息游玩呢？这个想法一下提醒了金立，他突然想到自己的老家青浦牛溪村，那里风景优美，离上海市区只有一个小时的车程，如果把地址选在那里，肯定能吸引许多城市游客。

离开岳父家以后，金立没有迟疑，便直接奔往老家。在那里，由于年轻人已经多去城市打工，有许多整洁的房子闲置。没有两天，金立就与一家三层小木楼的房主谈妥，用极低的价格租下房子。

房子租下以后，金立没有大肆装修，而是尽力保持房屋原有的古旧乡村特色，除了修修补补加固以外，金立又增加了一些挂饰和简单的桌椅板凳，农家乐就这样开业了。在开业初期，由于并没有太多人知道，因此生意不太好。金立对此并没有太着急，反而热情的邀请一些城里的同事朋友前来做客，结果没想到这些同事朋友来这里免费游玩以后，纷纷赞不绝口，为金立介绍了许多游客过来。借着朋友介绍的这些游客在熟人间的口碑传播，金立的农家乐生意这才一天天红火起来。

每天早晨，金立老婆会起来把腊肉放进锅里，用土灶小火慢炖。客人来了以后，会在小院里喝茶赏花，聊聊各自的兴趣爱好。饭熟以后，一切都是原生的农家菜，没有过多的调料，让客人能够品尝到菜肴原有的鲜味和香气。

吃完饭以后，金立会带着客人去村子四周的山上转转，喜欢钓鱼的可以在池塘边钓钓鱼。到了晚上，愿意回城市的可以搭车回城市，恋恋不舍的人则可以选择在这里住宿，第二天继续游玩。

在谈到自己的经营秘诀时，金立说：“首先这里的农家饭菜好吃，有剁椒红烧鱼、农家腊肉、土鸡汤、野生马兰头等；其次这里有很多休闲玩法。我开挖了一个池塘，客人可以在池塘边钓鱼，还可以去菜地里除草种菜，体验农家劳作乐趣，可以游览附近的淀山湖等；再次，这里提供住宿。许多客人在游玩一天后感觉到疲惫或者恋恋不舍，会在这里住宿，目前小院里有几位客人甚至已经在这里住了十多天。”

经过一年多的经营，目前金立靠着特色的农家乐项目，每月收入可以达到2万多元，既可以过悠闲自在的乡村生活，又实现了创业梦想，靠着自己的智慧和家人帮助，他终于走出了人生低谷，一步步扣开事业成功的大门。

你需要具备的：

1. 5万～10万元资金。

农家乐项目需要租房、添加配套设施、承包土地、简单装修等，依据大小规模不等，约需5万～10万元资金。

2. 热爱乡村生活。

乡村生活虽然悠闲安静，没有城市的快节奏，但是久了不免显得单调琐碎无聊。要想长期经营农家乐项目，创业者必须对乡村和自然有深厚的感情，耐得住寂寞，才能把生意做得风生水起。

3. 喜欢与人交流分享。

要想把农家乐生意做好，归根结底的核心是要懂得与客人交流分享。只有用热情淳朴的态度，与客人成为朋友，才能吸引越来越多顾客游玩。

赚钱是有技巧的：

1. 熟人是宝贵的财富。

在创业初期，往往会面临着知道的人不多，生意冷清的状况，这时可以邀请在城市的亲戚朋友来免费体验，通过他们的口碑传播，为自己打开市场。

2. 网络是最好的广告渠道。

农家乐经营者可以经常在本地论坛上贴出经营所在地的风景照片，分享农家生活，通过这种无形的广告，为自己吸引更多顾客。

3．开辟多样化娱乐项目。

农家乐是一个综合配套型的娱乐项目。要想在这一项目上赚到大钱，就应该在娱乐项目上大作文章。通过开发更多农家特色的娱乐项目，例如钓鱼、采摘果蔬、放牛、欣赏原野风光等，吸引更多顾客，获得更大收益。

职业进阶：

农家乐在客源和收入都相对稳定以后，可以考虑扩大面积，增设更多娱乐项目来收取更多费用。另外，还可考虑开设独立的农家菜馆，来实现更高收益。

温馨小贴士：

农家乐的室内装修应该以简单、大方、展现出乡村本土特色为宗旨。室内地面、桌椅碗碟等，要勤加擦洗，保持整洁干净。

总结：

农家乐是近年来兴起的旅游方式，它通过乡村场地以及乡村日常的慢节奏生活，使现代城市人放松身心，获得内在的宁静与自然。农家乐的创业者利用当地的农产品和资源进行加工，提供给客人，因此成本较低。在既品尝到各种物美价廉农家食物的同时，还能观赏优美的自然景色和农家风光，农家乐因此深受城市年轻人的喜爱。

保健花卉盆景，保健行业的植物店

人物故事：

广州的周老伯今年已经 73 岁了，可是面色红润，说话中气足，也没有寻常这个年龄老人眼昏耳聋腰疼等毛病，每次别人问起他是如何养生时，他就会笑呵呵的指着自己家花店的一盆盆大大小小花草说：“这就是我的养生秘诀”。

这家花卉店真正店主是周老伯的儿子，闲下来的周老伯则是这家花店的“专业顾问”。这家花卉店看似普通无奇，可是却比周围的花店生意好得多，原来周老伯家经营的是保健花卉，主打花卉的美容保健等功能，因而能够走出一条特色经营之路来，在营业额上远超周围普通花店。

周老伯原本是一名电力系统的普通员工，从小喜欢养花，从电力系统退下来以后，有了大量的闲暇时间，对各种花草更是愈发痴迷。他住在老城区，家里有个十来平方米的小院子，在这里他放上了十几盆各式各样的鲜花，每天忙得不亦乐乎。

种花一久，他养的花不仅开得比其他街坊花朵开得大，更加鲜艳，而且他还从花里摸出了其他门道。原来花不仅具有观赏价值，不少还可以食用，更神奇的是，许多花放在家中还具有保健、养生、美容、净化环境等作用。例如芦荟可以净化空气，减少装修后的室内苯污染；蔷薇可以放松大脑、治疗失眠、躁狂等神经类病症；玫瑰和柠檬等可以清除空气中的各种细菌，适宜摆放在家中有病人的房间等……

2011年，由于儿子单位不景气，大规模裁员，儿子也在下岗名单之列。儿子失业以后，一家人围坐在一起，商量起日后的出路来。这时儿子想到周老伯栽培花卉的手艺来，便试探性的问：“既然爸爸对花卉那么有研究，不如我们开一家有特色的花卉店怎么样，主打‘保健’两个字，肯定会和周围的花店大大不同。”

这一番话大大提醒了周老伯，这附近属于旧城区，退休的中老年人多，大家最关心的话题就是养生保健。如果能够开一家主打养生保健的花店，不正适应了大家的需求吗？何况自己认识的许多老同事都在附近，到时候都有可能成为花店的熟客……

家人经过一番商量，当月就在附近的街道上找了一间十来平方米的门面。儿子负责花卉的进货和销售，周老伯则负责进一步研究品种特性和种植，这样下来，周老伯对各种花的作用摸得更清楚了。有预防疾病的、有放松身心的、有美容养颜的花卉，价格从十几元到几百元不等。

每次儿子进货时，周老伯都凭借着几十年的养花经验，提醒儿子应该进哪些类型的花，才能适应消费者的各类需求。由于附近市场的花卉批发者都认识周老伯，因此儿子去进货，总是能以比较低的价格拿到最好的花卉。

这家特色花卉店一开业，就吸引了许多老街坊、老同事去捧场，再加上周老伯现场不厌其烦的讲解各种花卉的保健作用，一天下来，花店的营业额就有1000多元。

此后由于有老街坊们的口碑宣传，这家特色花店渐渐在周围有了名气，甚至有不少人开车慕名前来买花。儿子经过一段时间的历练和摸索，在销售上也渐渐有了自己的门道。他做了一些彩色宣传单，只要有人在店内看花，就随手附赠一张，上面有各种花的栽培要点和作用功效，既是宣传单，也是说明书。此外，儿子还和附近的养老院、居委会等建立了团体定点合作关系，做起了团购生意。

这样没过几个月，花店的营业额就达到了每月2万多元，月纯利润一万元以上。周老伯和儿子通过自己的智慧，把兴趣做成了一门特色生意，用自己的努力，闯出了一片别样的人生天地。

你需要具备的：

1．1万～2万元创业资金。

花店地址通常应该选择在菜场或者老城区街道边，这种地段门面租金低；购买种子、鲜花、花盆货架等约需几千元；营业执照等手续约需2000元，总计1万多元。

2．熟知各种花卉的功效和作用。

要想了解各种花卉的保健美容、养生防病等功效和作用，其实很简单，网上有海量的资料等待你查询，只要有心，花上一个月时间即可熟知。

3. 热情和耐心。

保健花卉店消费者主要为老年人，这些人在选购花卉时往往询问得更加仔细，做抉择的时间更长，因此在面对这些顾客时，要尽可能耐心细致的解答，用热情的服务换来熟客。

赚钱是有技巧的：

1. 提供配套产品，一条龙服务。

在销售养生花卉的同时，可以配套专业的花卉修剪工具、养花用的肥料等，这样既方便了顾客，也可以增加营业收入。

2. 印刷宣传品，让消费者更好了解商品。

在创业初期，为了让消费者更详细的了解养生花卉，应该印制宣传单，在超市等处散发。同时在店内应该随手附送印有各种花卉养植方法，以及保健美容养生功效的说明书，让顾客更好了解商品特性，刺激购买欲望。

3. 发展团购业务。

店主可以主动向居委会、养老院、医院等处推销，给予适当优惠，发展定点团购业务，以开辟更大的市场。

温馨小贴士：

店内应该保持整洁、干净，为顾客营造舒适的环境，同时配备塑料杯和饮水机，方便顾客饮用，让顾客感受到体贴热情的服务。

职业进阶：

开养生花卉店具有竞争小，投入资金少，市场顾客群巨大的特点。在前期获得成功以后，可以开设连锁店，打造品牌战略，把生意做大做强。

总评：

伴随着中国人口老龄化的加剧，以及人们绿色保健意识的增强，养生花卉店这一特色经营项目，具有极其广阔的市场前景。

养生花卉店项目非常适合那些对花草感兴趣，保健养生意识较强，创业资金少的草根创业者。在创业中只要能够选准场地，在经营中热情诚信，合理化营销，必定能够为你带来滚滚财富。

开宠物服装店，让狗狗“萌”起来

人物故事：

人们常说，人人都有爱美之心。但是现如今爱美之心已经不在局限于人了，许多人在为自己添置好看衣服的同时，还不忘给自己的宠物狗买上几件可爱的卡通衣服，让宠物“萌”起来，吸引更多人的注目。

打开淘宝网，输入“宠物衣服”搜索，页面显示的搜索结果会让你目不暇接，各种色泽鲜艳、图案卡通活泼的衣物款式就多达几十类、从最普通的背心、T恤到背带牛仔、蕾丝裙等数不胜数，这些衣服根据材质 、大小、样式等，价格在几十元到数百元间。

沈阳的张丽娟正是看到这一市场的广阔前景，把不起眼的宠物服装生意做大，实现月收入2万多元，完成了“草根”到白富美的逆袭。

张丽娟今年27岁，原本经营着一家童装店，由于周围是高档小区，因而各种国际品牌童装店云集，张丽娟的小店混在其中，便显得极不起眼，经营了半年多，生意也一直不温不火。

一次，张丽娟带着小狗出去溜达，没有想到回来之后没多久，小狗就不断打喷嚏，卧在沙发后面一动不动。张丽娟平时爱狗如命，一看这阵势，知道小狗肯定是出外时天气太冷，受凉感冒了。在忙完一天生意以后，她饭也顾不得吃，便慌慌张张带着小狗去了宠物医院。

到了宠物医院她才发现，里面不少人带着小狗来看病，夏天冷冷清清的宠物医院，此时居然人满为患还要排队。与周围一位妇女一番攀谈，她才得知其中缘由，原来最近天气比较冷，许多人因为没有注意宠物保暖，因此造成宠物大量感冒。

好不容易轮到她了，宠物医生给了她一些药，让张丽娟定时喂给小狗吃。同时告诫提醒张丽娟："宠物里面也有抗寒能力强和抗寒能力弱的，例如一些体型比较小的宠物毛比较短薄，自身免疫力也不够强，就会很容易因为寒冷生病。再加之如今宠物多在室内活动，对气温没有较强的适应能力，因此在冬季寒冷季节，就必须为宠物穿上保暖衣服，避免被冻病冻伤。"

医生的一番话，让张丽娟的脑子活络起来。在回来的路上她想：沈阳冬季气候寒冷，如果自己转型卖宠物衣服，肯定生意不错。再加上自己店铺所在位置附近多为高档小区，居民消费层次高，很多人都养着宠物，如果能开一家宠物服装店，可以避免与周边的国际品牌童装竞争，实现差异化发展，必定能把这门生意做得红红火火。

张丽娟回到家里与丈夫一番商量，丈夫也非常认同她的想法。于是当月张丽娟就开始减价甩卖童装，并寻找到宠物衣服进货渠道。第二个月开业时，周围逛童装店的顾客都对这家新奇的宠物服装店十分感兴趣，一时门庭若市，开业当天营业额就达到2000多元，盈利1000多元。

在谈起自己的生意经时，张丽娟说，要想生意好，进货很关键。在选择宠物衣服时，面料应该尽量选择棉类、纯毛类，这样可以避免宠物穿上后，引发皮肤过敏。另外在进货时，应注意尺码齐全，这样可以避免顾客进店买不到适合宠物大小的衣物，空手而归。

向顾客提供购买衣物建议时，应该尽量建议顾客多购买两件，一来方便换洗，另一方面由于冬季北方寒冷，往往要多穿两件才可以获得很好的保暖效果。这些建议既能让顾客感受到店主的贴心，还能无形中增加店内的营业额。

在谈到未来的打算时，张丽娟说，为宠物穿衣服近年来才兴起。目前在沈阳还少有人涉足这一市场，因此她打算趁着当下竞争较小的情况下，再开两家宠物衣物店，抢占市场先机，把给宠物“穿衣”做成赚取滚滚财富的大事业。

你需要具备的：

1. 喜欢饲养宠物。

任何事业要想做大做强，都需要创业者对该领域保持强烈的兴趣，能够不断学习，从中不断发现新的机遇。只有平时喜欢饲养宠物，才能熟知不同体型、颜色宠物该与怎样颜色和大小的衣服搭配，为顾客提供合理的建议，创造商机。

2. 3 万元创业资金。

开宠物店门面租金、货架等约需 2 万元，另外进货需要约 1 万元，合计投资 3 万元。

3. 耐心和热情。

宠物服装店在初期由于不为人熟知，需要度过一段“少人问津”的时光，只要你能用耐心和热情对待每一个进店的人，久而久之，必然为你带来良好的口碑效应，吸引许多有需求的顾客前来购买。

职业提醒：

1. 标识和广告牌很重要。

宠物店内摆放的衣物很容易让不细心的顾客与童装混淆，因此在设计店面标识和广告牌上，应该尽量设计的显眼醒目，喷绘上小狗的图片，尽力凸显出为宠物服务的功能。

2. 摆放小狗模型。

可以在玩具市场购入一些仿真的小狗模型，通过为小狗穿上店内的衣服，起到“广告模特”的作用。这些模型可以很好的吸引顾客关注，为顾客留下深刻印象，打造“广告效应”。

3. 颜色和尺寸多样化。

宠物狗的形体差异悬殊，因此进货时应该注意尺寸和颜色的多样化，只有样式繁多，才能让有需要的顾客不空手而归，留住更多熟客。

4. 可选择网上进货。

由于宠物服装属于新生产业，因此在许多城市并没有宠物服装批发市场。网上进货具有品种多、样式齐全、款式新颖等特点，因此可以选择在网上进货。

职业进阶：

宠物服装属于刚刚兴起的市场，竞争较小，容易做大做强。因此在一家店铺收入较为稳定后，可以考虑开设连锁品牌店，形成品牌效应，抢占先机。

温馨小贴士：

宠物服装与传统服装行业一样，存在着样式更新快、容易积压货物的特点，因此对一些不太好卖的宠物衣服，应该适时开展打折促销活动，既可以避免货物积压，又可以吸引人气。

总评：

为宠物穿上衣服，已经逐渐成为都市“宠物一族”悄然兴起的时尚潮流，这一市场目前尚在早期快速发展期。投资开设一家宠物服装店，具有投资小，收回成本快，市场竞争小等特点，因此非常适合喜欢宠物的年轻人创业，既可以与顾客分享共同的宠物兴趣爱好，又能从中挖掘财富。如果你喜欢宠物，又苦于没有创业门路，那么还等待什么呢？心动不如行动！

有机蔬菜配送，做新型时尚“农夫”

人物故事：

元一农庄是一家位于上海浦东郊区的绿色有机小型农庄，这家农庄占地约2亩，专门从事有机蔬菜的种植和配送，目前已经吸引一百多名会员，在经过一年多的发展后，不仅收回了最初的10万元投资，还实现年盈利20多万元。

这家农庄的庄主名叫张天男，来自湖北鄂州。在创办这家农庄之前，他先后开过小型IT公司、外贸公司等。“城市的生活每天勾心斗角，作为一个生意人更是有应付不完的社交聚会和操不完的心，因此一直想逃离这种繁琐疲惫的生活，做一个回归自然的‘隐士’。”在解释自己的创业动机时，张天南坦然的说。

2014年，在生意场上身心疲惫的张天南决心回到老家农村休息一段时间，可是印入眼帘的情景却并没有让回到故乡的他内心平静下来。“农民迫于经济效率考虑，大量使用化肥农药等，这些农药和化肥随着农田水流入河中后，让小河里的鱼虾荡然无存，这让我感到十分忧虑”。

难道就没有一种农业模式让农民放弃使用化肥和农药，在不污染生态环境，生产出自然健康食品同时，还能获得高额的收益吗？一时，张天南陷入了苦苦的思索。后来，他通过网络了解到，在港台无毒害有机蔬菜占整个市场的百分之十，但是在内地，有机蔬菜的份额还不到百分之一，而且他也注意到，自己周围许多高收入的朋友，为了能吃到安全的蔬菜大费周折，甚至专程托农村亲戚进城机会带来。

随着中国经济发展，张天南凭着生意人的敏锐头脑意识到这一市场大有前景可为。他决心投资开设一间生态农庄，既让高收入群体吃到放心无毒蔬菜，也让农民能够摆脱完全仰仗农药和化肥的落后农业生产方式，靠种植有机蔬菜挣大钱。

在选址上他没有选择老家鄂州，而是把农庄地址放在了上海郊区。他解释道："上海经济发达，有大量中产阶级，这些人的健康意识较强，且有非常强的消费能力。另外，在上海郊区设立生态农庄，可以方便配送，节约大量物流成本，保证创业项目能够成功。"

为了改良农庄内已经深受农药化肥"侵害"的土壤，按照专家的建议，他选择了一处水质较好的水源，引来灌溉土地。让农庄内形成小型生态圈，通过大自然天然的净化毒素功能实现土壤净化。

在面对病虫害时，他坚持不使用农药，改用烟熏，以及喷洒大蒜制剂等方法驱灭，杂草则完全用手工拔除。同时饲养一批土猪，用收割的杂草喂养，猪粪则可用作菜地里的肥料，因此这里的蔬菜虽然长势慢，但是吃起来却保持着蔬菜原本纯正的香气，让前来参观的朋友们尝了赞不绝口。

在蔬菜的销售上，张天男也别出心裁，先邀请朋友们来参观，在免费品尝以后，如果愿意购买，可以办理会员卡，农庄内会有车直接配送到户。朋友们在参观完张天南农场严格的有机化管理和品尝完新鲜可口的"原生"菜后，纷纷赞不绝口，许多人当场办理会员卡，还介绍亲戚朋友过来。

在第一季度里，张天男就收到了顾客们缴纳的会费大约10万元，基本收回了成本。随后的时间里，由于会员们的口碑宣传，又有更多的人慕名而来办理会员卡。

经过一年多的发展，张天男不仅提供蔬菜配送服务，还会在周末邀请会员带着子女前来开展生态农业体验亲子活动，让会员成为"农夫"，既节约了一部分人力成本，还增强了顾客的忠实度。看到有机农庄事业的成功，张天男又筹划着在老家鄂州复制这种模式和经验，通过自己的努力，用看得到的财富，影响和改变家乡父老的农业生产方式。

你需要具备的：

1．10万元资金。

用于承租土地，雇佣员工，生态有机认证费用等。

2．较强的规划管理能力。

生态农业较为复杂，且属于新生行业，许多经验需要创业者独自探索。另外需要合理安排员工每天的工作，制定薪酬标准，这都对创业者的规划、管理能力提出了较高要求。

3．能够吃苦耐劳。

在创业初期，创业者往往需要亲自从事许多体力劳动以及蔬菜的运输等，因此需要创业者能踏实工作，吃苦耐劳。

职业提醒：

1．宣传营销是生财利器。

生态农业在生产出农业产品后，如何为产品找到顾客，是摆在经营者面前的重要问题，也是整个项目能否成功的关键。在互联网时代，应该积极发起线上活动，邀请城市白领带领子女来进行免费的生态农业体验，通过这种体验营销，为自己获得大量顾客。

2．合理管理才能节约大量运营成本。

在员工管理上，创业者应该制定合理化的方案，提前安排第二天员工需要进行的事项，通过合理的管理节约运营成本，提高生产工作效率，实现盈利最大化。

3．有机产品认证不可少。

有机产品认证由专业机构颁发，可以让消费者能够对有机农庄生产的产品具有较高的信任度，有利于农庄的长远发展。

职业进阶：

在生态项目进入成熟稳定期以后，可以配套发展亲子体验游、农家饭庄等项目，既能吸引更多人成为会员，还能大幅增加盈利。

温馨小贴士：

在创业初期尽量发展会员配送制度，这样可以让创业者及时获得大额的现金流，支撑农庄的后期发展和投入，同时会员制度也更利于口碑营销。

总评：

近年来，有机农业在全世界100多个国家得到推广，有机农业种植面积已经达到世界耕地面积的百分之五。随着我国经济发展，民众生活品质提高，有机农业在中国具有广阔前景，必将替代传统的以化肥和农药为主要手段的农业生产方式。

有机农业是系统工程，既需要大量的劳动力，也对管理者的管理规划能力要求较高，且需要一定的技术资源。因此这一行业适合目光长远，具有一定农业技术知识，能够吃苦耐劳的创业者加入。

宠物美容师，投资万元即开店

人物故事：

早晨九点醒来，窗外阳光明媚，陈双望着窗外阳光心情大好。她拿着钥匙来到街对面的店里，还没有开门，就能听到店里小狗汪汪的叫声。

陈双是一名宠物美容师，今年25岁，几年前大学毕业后，一度找不到工作，在意识到现实社会的残酷后，令她十分消沉。

一次，在报纸上她看到关于宠物美容师的介绍，这让从小喜欢狗的陈双看到了生活的一丝希望。她毫不犹豫地说服爸爸妈妈，花了几千元报了一个宠物美容师培训学校。宠物培训班毕业后，她在一家大型宠物店打了一年工，然后花了1万块钱，租下现在的小门面，开了现在的宠物美容店。

打扫完狗笼，并将其冲洗干净，陈双开始了一天的工作。细心的陈双发现一只松狮狗的脚上渗出血迹，她连忙把它抱起来，原来是昨晚被其它狗咬伤，她忙为小狗消毒，并且上药包扎，把它抱入另外一家狗笼休息。

到了中午10点多，一个时尚的女士带着她的泰迪狗来做清洁美容。陈双用一个罩子套住泰迪的嘴，以避免被泰迪咬伤。她先用一把小刷子细心的帮狗清理掉身上的杂毛，再用梳子梳理纠结在一团的毛球，接着剪去耳边遮住耳朵的毛，为小狗修剪指甲、放上热水替小狗洗澡。等到给小狗洗完之后，再帮它用吹风机吹干，一次服务一共收费200元。

吃过午饭以后，又有一名顾客送来一只叫“小不点”的狗。今天是“小不点”与另一只狗“结婚”的日子，因此主人让陈双帮小狗做一次染色美容。陈双经过大半个小时的忙活，原先黄色、毛发卷曲的“小不点”立刻大变样。

染色过后的“小不点”，耳朵变成淡淡的绿色，黄色的头顶上扎着蝴蝶结，脚爪和蓬松的尾巴被涂上红色，像一个五色的胖乎乎小棉球。然后陈双将它与另一只进入发情期的狗放在一起，让它们开始配种。

陈双说，目前当地宠物美容师从业人员只有十几位，因此她的店子收入比较好，每月可以达到1万多元。随着越来越多的人喂养宠物，以及更多熟客的介绍，她的收入还在逐年递增中。

据她介绍，目前宠物美容师一般有三种从业方式：为一些大型宠物店工作、四处自由服务宠物师、自由开店。目前一般的宠物美容师收入在4000～10000元之间，部分A级宠物美容师年薪可以达到20万元以上。

谈到未来的打算，她说：“我准备继续业余学习，争取拿到A级宠物美容师职业资格认证书，到时候可以开一家专门为名贵狗犬服务的工作室。争取实现每年收入20万元，打造个人品牌。”

你需要具备的：

1. 宠物美容师证书。

目前宠物美容师证书分为A、B、C三个级别，C级为最初等级。在拥有C级证书一年后，才可以考B级，具有B级证书三年以上者，才能考A级证书。

2. 1万元创业资金。

宠物美容店并不需要太多资金，门面可以选择高档小区附近，通过良好专业服务，形成口碑效应吸引顾客。

3. 认真细心的工作态度。

宠物美容要求从业者能够细心认真的为宠物服务，避免因为点滴疏漏为客人留下不好印象，造成熟客流失。

赚钱是有方法的：

1. 通过免费为宠物洗澡，招揽生意。

创业者在开宠物美容店初期，不可避免会遭遇客人较少的困境。这时可以通过举办免费为宠物洗澡的体验活动，让潜在顾客进店免费体验服务，在免费服务过程中，适时向顾客宣传，并劝导顾客办理会员卡。

2. 与顾客交朋友，为你带来熟。

对宠物洗澡有服务需求的顾客，通常收入较高，且时间比较充裕。在对宠物的服务过程中，可以与顾客拉家常，有意识消除与顾客的距离。

3. 附卖宠物食品和宠物用具，实现一条龙服务。

宠物美容店在提供宠物染色、洗澡等服务的同时，还可以附带出售宠物口粮、宠物衣物等，实现多样化经营。一条龙服务，既让顾客享受到便利，也能让自己获得更高收益。

4. 店内保持整洁，让熟客不流失。

宠物店内由于经常与动物接触，容易滋生细菌，残留不良气味。这时要求我们应该保持店内整洁，勤于打扫，为顾客留下整洁、专业的形象，避免顾客的流失。

温馨小贴士：

宠物美容师在工作时，应该保持戴口罩和手套，穿工作服的良好习惯。避免在与宠物的接触中感染病菌，对自身健康造成损害。

总评：

随着现代社会的发展，越来越多的人会感到内心孤独，饲养一只乖巧可爱的宠物，成了越来越多都市人的情感寄托，所以，饲养宠物的人越来越多。

宠物美容师属于新兴行业，市场有着巨大需求量，但由于许多宠物美容师并没有专业从业资格，因此造成整个市场服务混乱，顾客体验较差。在这种情形下，创业者如果能够通过认真学习，获得专业资格认证，必能将在这一市场大展手脚，实现人生梦想。

宠物托养所，宠物的“临时旅馆”

人物故事：

现代社会，许多人都习惯在家喂养一个可爱的宠物。尤其对于那些辞职在家的全职太太来说，宠物简直是他们生活的一部分。根据统计，仅仅在广州，宠物数量已经超过 200 万只，与宠物有关的产业，年销售已经达到 30 亿元。

25 岁的王晶正是瞄准了这一行业的巨大前景，独出心裁开了一家宠物托养所，目前月收入已经达到 2 万多元。所谓的宠物托养所，是宠物主人在节假日旅游出行时，不方便携带宠物，就可以将宠物送到宠物托养所，接受专业的看护和照料，以避免宠物主人走后，因为无人照看，宠物出现生病、走失等意外状况。

说到为何开起这种新奇的宠物托养所，还得从3年前的一段经历开始。3年前，王晶刚刚毕业，因为所学的是护理专业，许多单位要求有一年以上护理工作经验，故而很长一段时间她都没有找到工作。恰好这时表姐和表姐夫都要去外地出差学习1个月，这是一次千载难逢提升自己的好机会，但是两个人却犯起了愁。原来家里养着两只纯种的哈士奇，两人要是离开家一个月，这两只狗没人照料，肯定要饿死。

王晶在听到表姐闲谈中说起这件烦心事后，便热心的说："你要是放心的话，就让我搬来你家照顾它们吧，反正我从小就很喜欢狗。"表姐爱狗如命，听到这话简直求之不得，第二天就催着王晶搬去了她家，专门照顾两只哈士奇。

这两只哈士奇长得乖巧可爱，经过一个月的相处，王晶不但把它们照料得胖乎乎，毛皮光滑，还训练他们学会了捡皮球等游戏。表姐和表姐夫学习回来，看到两只狗长得圆圆滚滚的，还能听懂"立正""趴下""后退"等口令，喜出望外，连声感谢王晶的照料。

就在这时，王晶产生了开一家宠物托养所的想法。现代社会，人口流动大，许多人会因为旅游、出差等去外地，这时家里的小猫小狗就成了"老大难"。自己学的是护理专业，照料宠物比较在行，如果能开一家宠物托养所，不仅能够发挥运用自己所学的知识，还可以赚钱，简直是一举两得。

有了这想法1个多月后，她就在家所在的小区门口，租下一家小门面，购入了一些宠物笼子，里面配上网上买来的宠物卧垫，正式开张做起宠物托养生意。她印了一些传单，每天去地铁、宠物医院等地带散发。没有过两天，前来察看咨询的人就不断。

王晶看到咨询的人很多，心里乐开了花，以为这门生意一定会火爆，但是过了半个月她才仅仅收留到一只猫和一只狗。这让她百思不得其解，为什么如此具有创意的创业点子，实行起来却生意如此惨淡呢？

几天以后，在与一个邻居阿姨的闲聊中，阿姨道出了症结。阿姨直爽地说：“你的想法是很不错的，但是开在路旁边噪音大，而且内部设施十分简单。我家的狗花了6000多元钱买来，基本一个星期会送宠物店做一次专门的美容和洗澡，你店内的环境根本满足不了这些需求。”

这些话让王晶恍然大悟，她终于知道自己生意不好的问题出在哪里。第二天她就在门口贴出了转让告示，店铺转让出去一个月以后，她又另外租下一家两室一厅的房子，装修一新。在房间里，她买来各种卡通造型的可爱笼舍，还购买了宠物专用的沐浴液，以及宠物美容用具等。如此一番改变，没有过半个月，他的宠物托养所里就寄养了30多只宠物。

在她的店里，一只猫寄养一天收费40元，狗收费60元。除了提供基本的喂养，她还每三天为宠物做一次洗澡和美容，以保证每只宠物都能在这里得到最好的呵护。目前，她的宠物托养所每月收入可达到2万多元。

你需要具备的：

1．3万～6万元创业资金。

开设宠物托养所，需要租用房子作为场地，购置笼舍、宠物洗澡剪毛用品、店铺装修等，约需资金3万～6万元。

2．喂养宠物的经验。

宠物托养所要求创业者自己具有一定的喂养猫狗经验，平时应该多阅读相关专业书籍，懂得科学喂养宠物，避免因喂养措施不当，造成宠物的走失、死亡。

3．爱心和耐心。

照看宠物需要极大的耐心，尤其在宠物多时，往往会忙得手忙脚乱，因此需要从业者充满爱心，能够很耐心善待每一只宠物。

赚钱是有方法的：

1. 做好前期宣传。

古语有云，酒深不怕巷子深。但是在现代社会，有个性和特色的服务，也需要创业者良好宣传，只有将资讯传递到更多人心中，才能为你找到大量需要服务的顾客。在初期，创业者可以在地铁、公交、宠物医院门口等地点散发传单，让更多人知道和了解此项服务。

2. 环境卫生很重要。

宠物接收得比较多时，难免会出现宠物到处排便的状况。这时应该安排专人勤加打扫，同时训练宠物定点排便，减少人工劳动强度。店内应该每天喷洒空气清新剂，避免因为宠物过多产生异味。环境卫生决定了顾客的第一感官，只有舒适整洁的环境，才能吸引更多人送来宠物入住。

3. 提供宠物“婚配”服务。

养宠物的人知道，宠物进入发情期，经常会出现“婚配难”的状况。这时营业者可以抓住这一需求，建立宠物资料库，附带增加宠物“婚介”服务。通过相互介绍需要配种的名贵宠物，收取中介费，扩大宠物托养所的营业收入。

职业提醒：

宠物托养所一般应该开在人口密集的大型城市，大型城市由于饲养宠物的人更多，需求更多元化，才能让宠物托养所有较大的客源。另外，由于宠物托养所属于新生服务，大型城市经济比较繁荣，信息多元化，对新鲜事物的接受程度也比较高，在大城市可以保证这一新鲜的服务能够迅速被人们接受。

总评：

在城市中，饲养宠物的人越来越多，伴随着的各种个性化需求也应运而生。开一家宠物托养所，只要你能做到装修风格温馨美观，提供较好的宠物喂饲环境，做好卫生安全，必然能够在市场上赚得满桶金。

草莓亲子采摘，投入少收益高见效快

人物故事：

2010年，小彭从湖北大学毕业以后，在郑州一家婚纱摄影公司上班，每月收入只有1000多元，十分辛苦。父母看到她每天早出晚归，工资又不高，因此纷纷劝她回武汉。

可是回到武汉以后，工作一直没有找到，为此她一度十分焦灼。找不到合适的工作，那么便选择创业吧。父母是武汉郊区农民，在当地以种植蔬菜为生，她经过一番调查发现，草莓目前在都市中深受欢迎，市场前景极好。既然家周围闲置的耕地多，且离市内不远，那么不如种草莓吧。

她把这一想法告诉父母以后，父母也觉得十分可行。可是她要种草莓的消息一传开，就遭到许多人的非议：“大学生居然回来当农民种草莓？”这些非议传到父母耳朵里，原本支持小彭想法的父母，内心也开始产生了动摇。小彭淡定地安慰父母说：“他们观念陈旧落后，和他们说不清楚，过好自己的生活才最重要。”

小彭开始种植草莓的第一步，就让父母非常不理解。她放着自家土地不用，而去另外承包了几亩他人新开垦的荒地。小彭在解释这一做法时说，新开垦的地细菌和虫害比较少，这样不用喷洒农药，不喷洒农药就能保证草莓的无公害和原生态。

承包土地以后，她一头扎在地里，从栽苗到盖薄膜，拔除杂草，事无巨细她都一一亲自动手。遇上刮风下雨，有时候她半夜还要跑到地里查看一番，避免积水过多，及时排涝。

在她的悉心照料下，过了几个月，地里便已经全是红通通，娇嫩欲滴的草莓了。她心里十分高兴，但是又犯起了嘀咕，这么多草莓该怎样寻找销路呢？

没过两天，她就想到了办法，自己包上一辆车，跑附近的各大菜场和水果批发市场，逐个推销。这样虽然推销出去一些，但是价格不高还造成许多草莓堆积，在车上烂掉。

草莓必须趁着新鲜及时采摘，否则时间久了会自己掉落、腐败。时间不等人，小彭必须要尽快想到销售草莓的办法，否则时间拖得过长，草莓烂掉，损失不堪设想。

这时她在网上看到，目前在大中城市十分流行亲子草莓采摘活动：通过让市民自己亲自来采摘草莓，既能保证草莓的新鲜，还能一览乡村风光，体验亲手收获劳动成功的喜悦。在草莓采摘之后，按所采摘的斤数称重付款即可。

这种方式既让消费者有非常强的参与感，而且还能省去自己采摘草莓的人工，最重要的是，这种方式可以卖出高于推销给批发市场两倍的价钱。想到这里，小彭禁不住心动了。

为了能够让这种草莓采摘亲子活动能够获得比较好的效果，她特地在武汉最大的本地报纸上刊登了邀请游客前来参加亲子采摘活动的广告。同时在豆瓣等多家网站上发起线上活动，以让更多市民能够知晓这次活动。

由于前期的宣传措施比较得力，5天以后，在举办草莓采摘亲子活动时，一下吸引了将近100人来参加，这些消费者的到来，让几亩地的草莓，不到一天的时间采摘一空。

有了这次的经验以后，小彭对自己的草莓种植有了更大信心，她立刻决定又增加承包十几亩土地，以便在草莓种植上获得更多收入。到了第二次举办草莓采摘活动，小彭当天的收入就达到了10多万元。她私下一盘算，除去人工和各种成本，她种植草莓平均每月可以获利近万元。

未来，她希望既能够继续开展草莓采摘活动，还会继续扩大种植面积，并希望能和大型超市建立定点合作关系，把这种无害原生态的草莓从地里直接送到超市，省去中间流通环节，让小小的草莓为自己创造更大的财富。

你需要具备的：

1. 2万～5万元资金。

用于购买草莓种子，承包耕地，添置塑料地膜等费用。

2. 吃苦耐劳。

草莓种植初期，许多工作需要创业者亲自动手管理，因此能够吃苦，任劳任怨，是创业者取得事业成功的保证。

3. 熟练使用网络和社交媒体。

草莓种植过程中出现问题，可以及时在网络上查找资料寻求答案，同时在后期的宣传中，也需要创业者能够熟练使用网络发布信息，并且擅长用社交媒体聚集人气，获得影响力。

赚钱是有方法的：

1. 网络营销能否成功是销售成败的关键。

目前各种亲子采摘活动，主要通过线上发布活动，才能产生广泛影响力，为公众熟知。因此做好平时的网络营销，培育粉丝，通过“讲好故事”，使消费者产生强烈兴趣，是互联网时代成功推销产品，获取财富的关键。

2. 刊登报纸广告。

随着互联网的兴起，报纸的影响力有所削弱，但是报纸广告的作用仍然不可小视。报纸的阅读者主要为上班族和中老年群体，而这两大群体正是草莓亲子采摘销售的主要潜在消费者。此类活动刊登报纸广告费用不高，却往往可以收到较好的效果。

3. 从草莓采摘活动中衍生其他服务。

草莓采摘活动在人数较多时，往往需要吃饭、喝水、住宿等，这时可以提供一系列配套服务，获取更多利益。

职业进阶：

草莓种出来后，如果亲子采摘活动销售成绩较好，可以继续扩大规模，注册品牌，与大型商超建立定点供应关系，省去中间环节，提供更新鲜和廉价的草莓，既获得了比较常规稳定的销售渠道，也可以进一步把事业做大做强。

温馨小贴士：

绿色生态农业是未来大势所趋，为了保证草莓的无污染和毒害，应该尽量避免喷洒农药和施用化肥，使产品在市场上具有更强的持续竞争力。

总评：

草莓亲子采摘活动，让市民改变了在超市选购草莓的习惯，既领略到大自然风光，又能体验到亲手采摘劳动果实的乐趣。这种体验式购物，可谓未来商业发展的大趋势之一。

创业者举办亲子草莓采摘活动能否成功，主要在于创业者能否熟练的使用新媒体为自己的活动进行出色营销，以及能否在活动中培育粉丝，成为长期固定消费者。如果能熟练掌握这两种方法，源源不断的财富必在不远处等你发掘。

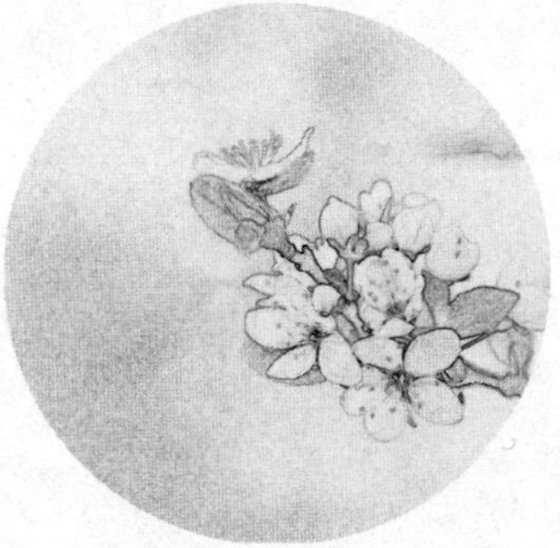

第十章

歪门正道：意料之外的揽财艺术

GRASSROOTS
ENTREPRENEURSHIP
100
WAYS

25岁美甲师年收入20万

人物故事：

早上10点，齐静来到自己的美甲店——一间位于合肥滨湖商业区的商铺。店里面已经来顾客了，一名和齐静年龄相仿的女店员正一边给顾客做美甲彩绘，一边细心地给顾客提供美甲建议。齐静热情地走了过去和顾客以及自己的员工打了招呼，便开始了自己新的一天的工作。作为一名普通的女性，齐静与其他女孩一样爱美，无论是衣服还是鞋子，都会跟随时尚潮流。喜欢时尚的齐静，经常听人说手是女人的第二张脸，齐静觉得，指甲就是这张脸上的眼睛。她的事业，就是把这双“眼睛”描绘得更加迷人。

早在上学的时侯，齐静就对美甲这项工作很感兴趣。那时美甲行业刚刚在国内兴起，在当时还算新鲜事物，一件件色彩艳丽、光彩夺目的指甲彩绘给齐静留下了深刻的印象。后来齐静大专毕业，由于学历认可度不高，工作面试屡遭碰壁。于是齐静索性不找工作，而是选择来到广州的一家美甲店里当起了学徒。半年的学习，不但让齐静对美甲有了新的认识，同时创业的念头也在她的心中慢慢萌芽。

在谈说起自己为何选择这一行业时，齐静说：“每个人都希望能够以自己的爱好选工作，这样才可以实现人生价值。如今美甲已经成为现代都市女性展现个性、表达自我的时尚方式，我平时就很喜欢给自己美甲，但是我更喜欢给别人做指甲。”将创业和兴趣结合起来开店，是件特别幸福的事情。怀揣这样的念头，齐静在广州学好了美甲技术后，回来家乡合肥开始了自己的创业之路。

起初齐静只是在某商场里租了一个小小的柜台，但凭借她出色的手艺和善于与人交流的能力，很快便有了不少顾客。当时美甲护理在中国内地尚属于刚发展的新新事物，一套普通美甲收费 20 ~ 30 元，高档的能达 300 元以上。由于齐静工作认真，积累了大量的熟客，大半年的功夫便收入了五六万元。尝到甜头的齐静再接再厉，第二年的收入更是超过了 10 万元。

收入增加的同时，齐静也意识到了自己一个人的力量毕竟有限，于是她在离原来商场不远处租下了一间店铺，并雇用了一名店员。不过齐静的新店开张后，虽然也有以前的一些熟客光顾，但是顾客并没有她想像中的那么多。两个月做下来，除去材料成本、房租、店员工资等，她的收入还不到 5000 元，这还比不上以前的柜台的收入。齐静意识到问题还是在于顾客太少了。为了吸引顾客，她想了不少办法。比如在人多的地方发传单，在女性聚集的地方发放代金券，给顾客免费试用新上市的指甲油，在节日期间做一些优惠活动等。重视回头客的齐静进行了让利大促销，随后开办了 VIP 会员服务，同样的美甲收费能让常来的熟客在她的美甲店里享受比其他地方更多的服务。

终于，通过自己的不懈坚持和努力，外向开朗的齐静也因为开店交到了很多贴心朋友。“把顾客当朋友，顾客自然也会把你当朋友。”这是齐静非常喜欢的一句话。由于熟客的不断积累，让齐静后面的生意越来越好，雇用的店员更是从一个变成两个再到三个，有时等待的顾客实在太多了，连她这个老板娘也要亲自上阵给顾客做美甲。除去人员工资、材料成本、房租等，她现在的年收入已经超过 20 万元了。

你需要具备的：

1. 几千元的创业资金。

用于购置相应的美甲油和装饰物，以及商场柜台租赁费用。

2. 耐心细致的态度。

做美甲是个精细的技术活，所以得耐心认真，精益求精。

3. 不怕累、肯吃苦的精神。

赶上了生意好的高峰，就会有连续的美甲工作，这便是考验你吃苦耐劳精神的时候了。

赚钱是有技巧的：

1. 出色的手艺。

眼下国内有很多从事美甲工作的美甲师，但是各自的收入却不尽相同，归根结底的原因还是在于水平的高低。美甲服务门槛低，空间大，想要入门很简单，可要想做好就得勤于学习了。

2. 把握最新的流行元素，以及一定的搭配技巧。

爱美是女孩子的天性，因此你需要把握流行元素，知道当下流行什么图案，才能充分迎合消费者的胃口。但是再好看的图案也得看如何搭配，好看的图案不见得是放诸四海而皆准的，所以还得掌握相应的搭配技巧。

3. 善于交流，留住熟客。

不仅仅是美甲行业，任何行业成功的诀窍都在于积累大量的回头客。有着出色的手艺固然能吸引很多顾客下次再来，但在美甲护理的过程中，也是很好的交流时机，多与顾客找到共同话题不失为一种良好的交流手段。

职业跳级——你未必一辈子这样：

一般做美甲行业的创业者们都会从柜台，或是几平方米的小店铺做起，但当积累了一定的资本和较多的熟客后，就不妨扩大一些店面，再招募适当的员工。当然，这得结合当地的消费水准而定，倘若本地消费水平有限，那么还是小一点的店面更为稳妥。

总评：

齐静认识到自己的能力有限，所以阶梯式前进，而不是一步到位。选择在商场里租一个柜台，这种方式不但投资少，而且大大降低了经营风险。同时，齐静虽然年纪不大，可做事时的心态却很成熟。想干成一件事最关键的在于勇气，如果没有勇气你就迈不出第一步。其实，当第一步迈出去了，后面的路也没有想象中那么难。另外，客人都是你自己培养出来的，你教会客人多一样东西，客人就会感觉你的店跟别人不一样，才会更乐意到你的店铺来消费。付出和收获是成正比的，所以努力就有希望，你对顾客付出得越多，你积累起来的熟客也就会越多，你的收入也就会越多。

但是美甲行业的高利润并不等于高收益，经营不当，一间小小的美甲店也足以让投资者蒙受巨亏。如果单纯想经营美甲店，选好店址十分关键，不仅客流要大，人群消费水平也要高。现在，一些美甲美发学校都开设相关的课程，一些美甲店也招收学徒，去美甲学校培训或者去美甲店当学徒，只要几百元就可以学会了，学会之后再自己独立开店便可。

大学毕业生摆摊贴膜月入过万

人物故事：

最近在武汉市武昌区中华路夜市上出了位小有名气的“贴膜哥”，你要是在那里随便找一位夜市摊主，询问附近是否有位贴膜哥的生意很火。他就会告诉你“那不是小邓嘛，他就在在夜市最南头！”这个夜市上有六七个贴膜摊，而小邓的生意最好，经常有人排队贴膜。据说他的月收入至少上万元，旺季甚至能有2万元！此消息无意间被一个网友披露以后，立刻成了网络热议话题，很多网友感慨："干脆辞职去贴膜！"

当有人和这位"贴膜哥"说到他在网络走红的情况后，他说："我说怎么这两天总有人来我这要求拍照呢。"小邓显然还不知道自己已经走红网络，成了"贴膜哥"。

据了解，小邓来自丹阳，2009年从武汉某高校毕业后就留在中华路附近专门从事贴膜工作，这三年来一直在中华路夜市摆摊，积累了不少老客户，生意挺不错。

"以前我的生意可没这么好，三年前我刚从师傅那学好技术出摊时，经常一天都没几个人前来光顾，而且没有向有关部门申请摊位。我也是申请了很多次才获准在这一块摆摊的，这几年都是一步步坚持下来才把这生意做大起来的。"被问及到自己创业的经历时，小蔡淡然地说道。

现在小邓的摊位有近十个平方米那么大，除了为顾客贴膜外，还会附带卖手机充电宝、蓝牙耳机等周边产品，每天忙得不可开交。而经过三年多的不懈努力，独身一人在武汉打拼的小邓买了汽车，当初只够落脚的出租房也换成了100多平方米的精装房。2013年，他还和一位刚大学毕业的无锡姑娘结了婚，对方目前在无锡工作，家里也有多处房产，有人问对方父母有没有对他从事的"职业"有过意见。他笑着说："英雄不问出处，目前我收入不算低，岳母和岳父都是比较通达随和的人，因此并没有反对意见。"

现在已然事业有成的小邓依然勤奋工作，除非天气不好，他基本每天出摊，相比他那些每月拿着固定工资的大学同学们，他谦虚地说目前自己的收入"也就比他们多一点点"。

随着智能触屏手机的风靡，手机贴膜业生意是愈发红火了。调查发现贴膜人员的每月收入最高确实能上万元，最低也有三四千元，当然这当中的辛苦也不是外人能体会的。

据小邓自己说，他现在生意差的时候一天也能有两三百元，好的时候能有近千元。有人计算了一下，用小邓给出的最高收入和最低收入相加除二取平均值，假设小邓平均每天600元，一个月出摊25天仅贴膜就有15000元收入，这还不包括他卖手机配件和鼠标的收入。这样算起来，说他每月收入都过万确实是此言非虚。

你需要具备的：

1. 几百元的创业资本，一个人，一把桌椅。

贴膜本来就是一个小本生意，只要你学会了技术，花上几百元购买一些所需的手机膜，支起小桌，坐上椅子，就可以开始你的创业之路了。

2. 傍晚到晚间的那点时间。

贴膜完全可以当作一项副业，因为一天的生意都集中在傍晚和晚间，而白天的时间你可以自行安排。

3. 能吃的了苦，放得下清高。

能够坚持，愿意付出，肯于吃苦，才能闯出一条致富路。这就是致富的不二法门。

赚钱是有技巧的：

1. 抓住年轻顾客的兴趣点。

当下年轻人对手机美容的兴趣点也在改变，让贴膜生意变好了，现在手机膜做的越来越时尚，除了传统的钻石膜、高清膜、镜面膜，现在有很多卡通图案的手机膜，有的女孩一两个月就来一次。所以，要满足这些年轻人的新鲜需求。

2. 单打独斗不行，要有人“领进门”。

外行觉得贴膜赚钱似乎很容易，但如果没前辈带，至少需要半年多才能入行。所以，拜师学艺很关键，只有提高贴膜技术，积累了大量的熟客，收入才能增长。

3. 进货渠道是关键。

贴膜利润高，主要是因为成本低，所以货源是有讲究的。一位经营手机贴膜批发生意的人士表示，一般普通的手机贴膜1元钱就可以批发，液晶保护膜的批发价一般是5元钱，最好的贴膜批发价也不过十几元。市场上所谓的钻石膜要价二三十元，进价却只有5元，其中利润一目了然。

4. 选好地点再干活。

贴膜行业的顾客一般都是年轻人，如学生，白领等。因此要选定好这些人群出现相对密集的地点，如商场出入口，地铁出入口，大学城商业区等地。

温馨小贴士：

1. 手机贴膜作为一项户外运营的生意，你得看准天气预报再出门，这就得看天公作不作美了。阴雨连连时候的生意自然是比不上连续晴天咯。

2. 如果你所处的城市城管查得比较严的话，你得提前申请自己的摆摊许可，以免到时城管过来检查，双方发生一些不愉快的事。

职业跳级：

虽然贴膜很赚钱，但很辛苦，而且竞争激烈。所以，不建议把贴膜作为一种长期的职业，在积累了一定的资本之后，要对自己的职业进行升级，比如开个实体店，扩大经营规模，卖一些手机周边产品。而且，有了资本之后，你完全可以转行做其他事情，贴膜只是事业起步的开端。

总评：

“贴膜哥”小邓，正是看到了当前智能手机畅销的巨大商机，看中了年轻人这一庞大的消费群体，找准了市场的“命门”，在“前辈”的带领下，渐渐走向了属于自己的致富之路。

但是，成功致富也不像大家想像的那样简单轻松，不仅需要技巧和前辈提携，也需要自己努力地不懈坚持，更需要在淡旺季中学会坚守和淡定。通过“贴膜哥”的致富事迹我们能看出他并没有掌握什么“独门秘笈”，只是在一直保持着自己辛勤劳动且善于思考的本质。

如今是个信息爆炸的年代，各行各业的兴起，也就产生了各种各样的机遇。那些通过自己的坚持努力，且把握住了市场机遇的成功人士俯拾皆是，又何止只有一个“贴膜哥”呢？但是我们不难发现，“贴膜哥”确实是一个勤劳智慧再加上机遇的成功范例。

三百六十行，行行出状元。同样，行行也不断涌现出发家致富的成功人士。只是，外人总是只看到了他人致富的成功结果，却很少去细细揣摩他人能够致富的根本原因，不能理会别人在致富过程中承受着怎样的困苦，用了多少心思。“与其临渊羡鱼，不如退而结网。”对于感叹“贴膜哥”的外人而言，此话最为恰当不过了。

致富有讲究，付出是关键。“贴膜哥”的致富事例或许不能被别人复制，但贴膜哥看中商机、肯于钻研、能够付出的精神，确实值得每一位羡慕者认真学习。如果你能正确地把握住这些，你很有可能就是下一个“贴膜哥”。

陪购师不简单，逛街也能把钱赚

人物故事：

“有人花钱吃喝，有人花钱唱歌，有人花钱美容，有人花钱按摩。”这是春晚小品里的一段台词。那么现实生活中，有人愿意花钱找人陪自己逛街吗？根据如今的现状可以很明确地告诉你，当然有！有这么一群年轻人，他们的工作就是专门陪人逛街，而他们的收入也一般每小时在300～600元，其中的佼佼者更高达1000元。这是怎样的一群人呢？这便是职业“陪购师”。

不过这份工作看起来简单又轻松，实际上可是个技术活儿，让我们根据实例来走近这项工作。

这位美女陪购师叫做小谢，现年27岁，武汉人。曾就读于北京某大学，大学期间学的是广告，毕业后就在北京进入了一家公司成为了一名时尚顾问，其工作内容包括对客户的发型设计、化妆造型、着装建议等等。随着几年工作的经验积累以及对时尚信息的持续关注，随后小谢渐渐转行成为一名私人色彩顾问，也就是前文所说的“陪购师”。

而如今小谢从事这个行业已有4年时间了。从她早上刚来公司上班，便不断接到客户的预约电话。随后上午10点，小谢应今天的客户李女士约定来到西单，在一家商场门前等了10分钟。李女士缓缓过来了，小谢先和李女士对了下时间，便正式开始了今天的陪购。

跳过底下几个楼层，小谢直接来到5楼的一家服装品牌店内，简单扫示了一下店内的服装，选了几套女裤让李女士试穿。“你的小腿比较长，腰胯也比较细小，所以比较适合穿铅笔裤。另外你也是从事商贸行业的，和客户交谈时应该让自己的穿着看起来既有商务感又有时尚气息，这样能更好地贴合你的职业特点。”小谢一边和李女士交谈，一边给李女士挑选了几条款式很有设计感的裤子。几条裤子一对比之后，小谢建议李女士购买其中的一条，但搭配的上衣还得再找找看。

随后她们又来到另一个品牌专柜，小谢一眼就看中了一套略显职业的英式风格衬衫，李女士一试果然觉得很适合自己。这时李女士又看中了其他几件衣服，小谢发现李女士看中的衣复款式雷同，便提醒她要注意舍弃款式类似的上衣，从而达到搭配的最好效果。

到了中午12点，小谢陪李女士选好了5件衣服。“以前我一个人逛街的时候，总是逛了一天腰酸腿疼的都买不到一件合适的衣服，有时买好了回去穿了一两次又发现有这样那样的问题。这次在2个小时里能有这么大的收获，我真得好好感谢她！”看得出来李女士对小谢的服务很满意，她也很乐意支付小谢2小时1600元的报酬。

看到小谢在2个小时里为客户选好5套衣服就赚了1600元，很多人都会觉得这份工作挺简单的，其实不然。一名出色的陪购师是长期训练出来的，即使用半年的时间来训练，也只能算是基本合格的陪购员。

“我刚进公司的时候有一个系统的培训，首先对你进行理论培训，包括对服装的认识、色彩搭配、个人形象设计等等，要求陪购员必须准确把握各种品牌的不同风格。还要多逛街多试穿，一天逛下来不得少于十来个品牌，回来还要做详细汇报，最后要对北京超过八成的品牌都要有所了解。

“商场面积大，品牌繁多，想在短时间内找到最合适的衣服搭配，要求陪购师熟知各大品牌，并且需要知道品牌在商场的大致位置，否则找得太久，顾客会很不耐烦的。作为一名成熟的陪购师，一般在2个小时内，就能选好三四件衣服。我们在顾客选购衣服时，也会向顾客普及一些基本的色彩搭配知识和审美知识，并根据身材来搭配。顾客个性内向还是外向、气质、所从事的职业等也是要注意的。如果某件衣服经常用于重要的社交场合，即使贵一些也没关系。”讲到自己的职业特点时，小谢这样说道。但是被问及到自己每个月的收入时，小谢并没有透露具体数字，只是说自己在这个行业里干了三四年了，收入已经算比较好的了，自己每小时收费500元以上，但是没有定额，有的客户愿意多出点，这个得视客户而定了。

你需要具备的：

1. 较为专业的搭配眼光。

陪购师中许多人都学习过服装设计，或者有过专业的服装色彩、体型搭配知识训练，还需要经常阅读大量时尚资讯，能够准确地掌握当今最前沿的时尚流行元素，以及相对应的搭配技巧。

2. 良好的沟通交流能力。

陪购师会跟各种各样的顾客打交道，不管是男性还是女性都是在你的全程陪同下选购商品的，在逛街的过程中不能只是挑选商品，也要注意与顾客保持交流。

职业提醒：

1. 衣橱计划。

陪购师在衣物搭配时需要根据顾客的个性、气质等来决定，需要通过与顾客的交流了解顾客性格，处事特点。通常情况下，在购买前陪购师会来到顾客的家里，了解顾客家中衣柜各种衣物的状况。通过了解顾客喜欢穿哪一类型的衣服，来了解顾客的性格、气质。在进行分析了解以后，再根据实际情况提出针对性的改进和建议，然后购买衣物。

2. “组团”陪购。

有时候会有几名顾客同时要求陪购，这就需要陪购师要更加深入了解不同品牌的不同之处了，一般这种情况多以女性为主。例如集体面试、公司的年会、各种庆祝活动的主持等，这种情形下往往会有多人一起来找陪购师服务。这种情形下，要求陪购师能保证顾客在参加活动时不“撞衣”，既能够体现出同一职业的风格气质，还能适合每个人的性格特点。这样的水平是需要长期经验积累的，不是一天两天就能修炼得到的。

总评：

随着人们的生活水平提高，经济快速发展，人们在穿着审美上越来越向西方现代国家趋同。参加不同场合、不同活动，选择不同风格的衣服，已经成为人们的共同准则。这时依靠专业的陪购师，选择适合自己个性、以及不同活动场合的衣服，便成为许多人的不二选择。但是目前我国的专业陪购师数量并不多，因此这个职业也成为新世纪最朝阳的高薪职业之一。

陪购师的薪酬都是按照小时计算的，初级的一般为每小时100～300元，高级的能达到500～1000元。如果平均每周能接到3～5个客户，每次2小时，那么月收入还是能达到5000元以上的。当然，做的好的更可能上万元。

陪购师不分男女，相比而言，女陪购能让女性客户更为放心，而男陪购在陪购之余还能充当客户的保镖，因此男陪购师的报酬也会稍高一点。对于陪购师的客户人群来说，他们的年龄一般从25岁至50岁，女性比例高于男性，基本上属于工作较忙，很少逛街，但经济条件比较好的一类人。

催乳师，没什么不好意思的

人物故事：

近年来，随着人们生活水准的提高，一些年轻妈妈开始放弃奶粉喂养，转而回归传统的母乳喂养。这一趋势让一个之前并不为大众熟知的职业——催乳师，渐渐从欲遮还掩的幕后走到台前来。催乳师这一职业背后究竟有怎样的故事和市场前景呢？职业催乳师江红的故事也许能让我们获益良多。

江红从事催乳师工作已经2年，2016年下半年，她在南昌开了第一家以店面形式营业的催乳师工作室。

中午，一位年轻妈妈走进她的工作室。江红让客人脱去外衣，躺在床上。她仔细的戴上手套、口罩，开始用娴熟的中医手法为年轻妈妈推拿，并且亲切的叮嘱一些妈妈在哺乳期需要注意的事项。江红说：“其实催奶只是催乳师工作的很小一部分。在我的工作室，从怀孕到小孩断奶，都会进行全程专业的护理服务。根据传统的中医知识，我不仅为妇女提供催乳，还会对女性产后的乳房下垂、身材臃肿等制定专业的恢复方案。”

江红原本在一家工厂做流水线工人，一次偶然机会，她在一个电视节目里看到催乳师这一新鲜职业，由此产生了浓厚的兴趣。后来国产奶粉频频爆发质量安全问题，更让她觉得这一行业大有前景可为。经过一段时间考虑，她辞去了工厂的工作，怀揣着上万元钱，毅然报了一个广州的催乳师培训班。

起初，她认为催乳师工作简单，不过就是学习各种传统中医按摩手法。经过一段时间学习和深入了解以后，她才明白其中大有学问。催乳师的培训课程不仅包括传统的中医推拿手法，还包括人体解剖学、营养学、护理学、养生等多种专业知识。

经过一段时间学习，在获得催乳师职业资格证书以后，她回到南昌，联系当地的中介，通过职业中介为各种产妇提供催乳服务。由于这一行业从业人员少，竞争相对比较小，且江红的手法娴熟专业，很快她就在客人中间积累了良好的口碑，收入与日俱增。

没过多久她发现，传统的催乳服务，多是仅仅简单提供催乳，并不对年轻妈妈提供其他指导。于是她萌生了自己开一家催乳师工作室，为年轻妈妈提供从催乳，到宝宝断奶，产后身材恢复一条龙服务的想法。

江红是一个敢想敢干的人，在获得丈夫的支持以后，很快便在南昌租下一家门面开设了第一家催乳师工作室。由于有之前的客户口口相传，加上当地媒体的报道，很快她的工作室就在当地积累了名气，一大批产后缺乳少乳的年轻妈妈来到她的工作室，通过按摩手法和专业调养催乳。

由于这一行业从业人员少，且有母乳喂养意识的妈妈大多经济条件较好，故而她每次服务所收取的费用较高。江红的工作室在营业 3 个月以后，每个月的收入就超过了 2 万元。她用自己的超前意识和不懈努力，为自己赢得了人生第一桶金。

江红说，中国目前每年有 2000 万新妈妈，这其中会出现少乳、缺乳状况的大概占到百分之八十。这一行业具有巨大前景，而目前催乳师从业人员仅有 100 多万，其中许多地县级市甚至根本没有催乳师。她打算明年在南昌省内开 4 家分店，将这一块诱人的“蛋糕”做大。

你需要具备的：

1. 职业资格证书。

要想从事催乳师工作，首先要获得国家人力资源和社会保障部职业技能鉴定中心统一颁发的职业资格认证证书。目前获得这一证书多是通过参加催乳师培训机构的专业培训，然后统一考试获得。

2. 良好的沟通能力。

催乳师在为顾客服务中，需要事先沟通所需要进行的步骤，并且能够维护处理好与顾客的关系，以便为自己赢得更多客户资源。此外，在催乳按摩服务之外，也要及时告诉顾客各种专业的哺乳期知识。

3. 敬业耐心的工作态度。

催乳师工作中，耐心体贴的工作态度极为重要。只有良好认真的服务，才能为自己赢得良好信誉口碑，从而为进一步发展扩大事业打下坚实基础。

职业提醒：

1. 尊重顾客隐私。

催乳师工作不可避免的需要接触到客人隐私部位，无论工作内外，都应该严守客人隐私，避免因为一时口舌之快，而为自己的职业生涯埋下隐患。

2. 巧用医院为自己打开财路。

医院掌握着大量的产妇信息，催乳师在职业初期，可以积极向医院产科医生推销自己，争取培植医院医生关系资源，从医院获得大量客户资源。

3. 不可忽视广告的力量。

催乳师是近年来新兴职业，虽然市场需求量巨大，但是并不为人们熟知。创业者在初期，必须学会通过报纸广告、传单、名片等随时推销自己，以使他人消除对这一新兴行业的顾虑，为自己找到潜在顾客。

总评：

根据世界卫生组织的研究表明：母乳喂养可以增进亲子关系，帮助婴儿更好建立内心安全感。同时母乳更加利于婴儿身体发育，避免出现非母乳喂养容易造成的免疫力低下等问题。近年来，随着女性安全意识提高，母乳喂养已经成为势不可挡的潮流。而在母乳喂养中，约有百分之八十女性容易出现缺奶少奶的状况，新兴的催乳师行业必然孕育着巨大发展潜力。

催乳师目前上门服务每次收费300～500元，业内普遍月收入为6000～10000元。该行业从业人员较少，只要技能专业，并通过各种资源推介自己，轻松实现月收入过万并不是梦想。

近年来，还出现了一批男性催乳师。男性催乳师往往手法更好，服务效果也明显优于女性催乳师。但是男性催乳师面临着容易遭到社会传统观念误解，产妇家人不接受的困扰。男性如想从事这一行业，必须深入思考，制定更为个性化的营销策略，强调男性催乳的优势，打消顾客顾虑，持之以恒，必然能走出一片别样的天空。

跑腿公司，单枪匹马也能开公司

人物故事：

近年来，随着社会节奏日趋加快，一些人会把一些需要花费时间亲自处理的事情，委托一些中介代办公司办理，这种公司被称作“跑腿公司”。

万州的李先生，就是这样一家跑腿公司的创办者。通常，他会白天在本地各大网络BBS上发布广告帖子，留下联系方式。当工作繁忙的白领和都市“宅人”有服务需求时，便会通过上面的联系方式，拨打电话告知李先生自己的服务需求。在接受客户的服务以后，李先生就会吩咐手下跑路，为客户处理各种代办事宜。

李先生介绍，目前的跑腿公司服务范围比较广，当中包括代购物品、接送客人、代缴纳水电费、派发各种广告单、为老人送礼、排队、代挂专家号等。例如，在代购小额物品时，李先生会先让员工垫付所购买物品的费用，等到将物品送达客户时，再凭借购买物品的发票，向客户报销。

据了解，李先生原本在一家网络公司上班，两年前在偶然浏览国外网站新闻时，看到这种新兴的跑腿代办服务在国外十分火爆，便萌发了将这一新颖的服务方式引入到国内的想法。

有了这一想法以后，李先生并不急于成立公司，而是通过专业的市场调查公司摸清当地市场需求，并在万州最大的论坛发起在线投票，以考察当地消费者是否有代为跑腿的需求。结果不出李先生所料，市场调查和网络在线调查的反馈都表明当地年轻消费者对这一服务都表现出非常浓厚的兴趣。

由于有前期大规模线上投票的“无形广告”，李先生的公司一开业，便收获了大量订单，许多年轻白领都抱着尝鲜的态度，来体验各种“跑腿”服务。

公司虽然开局顺利，但是成立一段时间以后，李先生很快发现了新问题。有一些顾客打电话预定了代购服务，当公司员工将商品送到指定地点时，才发现预订者的手机已经关机。尤其在几次大宗商品被顾客拒收后，公司损失惨重。

意识到这一情况的严重性，李先生结合多年在网络公司工作的经验，决心开通网店，并且规定在顾客需要代购大宗商品时，必须先用支付宝付款后，再由公司员工去代购商品。经过交易方式的转变，顾客“飞单”的情况便再也没有发生。

李先生指出，由于跑腿公司属于新型服务企业，因此也存在着社会认知度不足，公众对其信任度不高等困扰。另外，随着时间推移，整个行业新加入的跑腿公司越来越多，甚至出现不少私人、零散的跑腿人员。这些情况的出现在客观上造成了整个行业陷入无序、诚信度降低的恶性循环。这时要想长久立足，就必须加强公司管理，塑造诚信形象，开发更多的个性化业务，充分发挥跑腿服务迅速、灵活的优势，以弥补传统快递行业的局限和不足，占领传统快递行业的市场空白。

李先生透露，目前行业内小型跑腿公司的月盈利额约为1万多元，他的公司由于起步较早，注重诚信，在业内已经渐渐有了名气，月盈利额可达3万多元。目前，李先生正在考察外地市场，准备将其公司打造成连锁品牌，以进一步提升在业内的品牌影响力。

你需要具备的：

1. 4万～5万元的启动资金。

开办跑腿公司，初期在客源不足时，可以少雇佣员工，等待逐步打开市场后，再根据业务量扩招员工。因此在初期，你需要租用一家比较便宜的铺面，另外购置桌椅电脑，以及交通工具等，前期启动资金为2万～4万元。

2. 敢于吃苦，“剐下一身皮”的精神。

跑腿公司每单服务收费并不高，只有订单多才能盈利。因此在初期起步阶段人手少，往往会出现人手不够的情况，这时便需要你亲力亲为，吃苦耐劳。只有能任劳任怨，对起步期的困难充分估计，你才能最终赢来事业的辉煌。

3. 充分熟悉当地路线。

跑腿服务范围往往遍及当地各个区域，在开办跑腿公司前，必须充分熟悉当地路线。如果不熟悉，可购买地图，或者积极向当地司机请教，这样才能做到“临忙不乱”。

赚钱是有技巧的：

1. 网络营销很重要。

跑腿服务作为新兴行业，更容易为年轻人接受和尝试，而当今年轻人多首先在网络上接受各种新鲜资讯，这时候懂得巧妙利用网络营销，向他人推介自己的服务就显得尤为重要了。通常我们可以在网络论坛和空间、微信等，发布介绍自己的信息，另外可以鼓励自己的顾客分享接受跑腿服务的体验，以便吸引更多客源。

2. 开拓多样个性服务。

跑腿服务属于靠量取胜才能大额盈利的行业。在创业初期，必须积极拓展多样个性化的服务项目，灵活机动，做到“人无我有”，这样才能做到差异化竞争，在市场竞争中脱颖而出。

3. 学会维护客户关系。

跑腿服务中的许多顾客在使用过第一次后，只要获得良好的服务体验，往往会在其后多次使用。这就要求创业者必须能够用积极认真负责的态度，为顾客营造良好的服务感受，持之以恒，必然能带来稳定的顾客群，获得滚滚财源。

职业跳级：

跑腿公司在初期可以小额资金启动，尽量减少人员和不必要的开支。在打开市场后，应该主动进行行业资质认证，以提高自己在客户心中的诚信度。在后期还可以通过开设连锁公司，聚集品牌效应，实现规范标准服务，以完成小艇向“联合舰队”的华丽转身。

总评：

随着生活节奏的加快，越来越多的年轻人不愿意将时间浪费在处理一些琐碎事物上，这为代人排队、接送客人、购买礼品等服务留下巨大的空白市场。在可以预见的未来，随着人们对这一新生行业的认知度提高、信任感增强，这一行业必将产生巨大的商机。

从李先生的创业故事里我们可以发现，其实生活中每天都会有机遇，年轻创业者缺少的是发现创业机遇的眼睛。只有及时关注各类新生行业信息，对商业机会保持敏锐嗅觉，才能在市场中独占鳌头，抢占先机。

同时，我们也要意识到，创业之路不是一帆风顺的。当在创业中遇到问题时，应该及早重视，积极调动以往的经验，多方深入思考，找到问题的解决方案。当一个个难题被解决时，成功之门便已经在前方向你缓缓开启。

家具美容师，月入过万

人物故事：

最近，大连的李女士兴高采烈的忙着装修房子，准备搬进新家。在装修的同时，她还不忘在家居城预订了一套1万多元简洁大气的豪华家具。等到房屋全部装修一新，家具安装好以后，细心的她查看一番才发现，最终还是百密一疏。原来家具在安装时由于安装工人粗心，居然出现了破角和明显的刻痕，这让李女士心痛不已。由于安装时请的是临时工人，此时已经无法追究责任，请求赔偿。为了这件事，李女士一连几天闷闷不乐，只好自认倒霉。

原先住处的老邻居来串门，看到李女士一脸闷闷不乐的样子，便问起缘由来。在知道原因以后，老邻居呵呵一笑说，这个很简单，我给一个熟人的电话号码，只需要花几百块钱，保证让你的家具看不到一丝破碎痕迹。

李女士抱着半信半疑的态度，打了老邻居给的电话，第二天负责修复家具的师傅就上门了。短短一上午，经过家具修复师傅的补坑、打磨、抛光、上色、补漆，家具已经光洁如新。李女士看到只花了几百块钱，家具就焕然如新，连日来的怨气顿时全消。

给李女士做家具修复的小张介绍，他们被称为“家具美容师”。这个行业最先出现在沿海一带的家具工厂里，当家具在出厂前出现问题，会由工厂内一些家具美容师进行专业的修复补救。后来一些大型家具销售商在家具出现问题之后，也会聘请专门的家具美容师来进行修补维修服务。

小张最初是跟着一位老师傅从事这一行业。在看到这一行业的蓬勃发展前景以后，他就决心自己单独从事高档家具的美容养护工作。目前，由于这一行业从业人员少，小张凭借负责专业的服务，客源不断，目前每月收入约 2 万多元。

许多同行在看到小张单独从事家具美容工作收入不错后，也纷纷跳出原来所属的家具工厂，“开门立户”单独做起家具美容生意来。目前仅在大连，该行业从业人员就达 200 多人。

小张说，目前这一行业从业人员年龄多在 20 ~ 30 岁之间。家具美容需要从业人员眼神好，色彩敏感度高，能够轻易分辨出色彩的细微差别。这一行业不断有各种新工艺出现，因此也需要从业者悟性较高，能够不断学习新的技能，及时跟踪行业趋势潮流。

家具美容需要家具速干，才能及时达到预期的效果，因此在涂料中往往添加了比常规油漆更多的化学物质。小张在施工操作时会戴上防毒口罩，并提醒老人小孩及早避开，以免对自己和他人健康产生危害。

家具美容行业属于新鲜行业，对家具美容师的经验要求比较高。新入行的家具美容师与小张这样熟练的师傅比，收入往往会有数千甚至上万元的差距。随着从业时间越来越长，家具美容师的收入也随之逐年递增。谈起以后的打算，小张羞涩的笑笑，说他明年准备买一辆10万元左右的小汽车，以便能够更方便的到市内各地从事家具美容工作。

你需要具备的：

1. 专业的家具美容知识。

家具美容师工作目前收入较高，且无须投入太多资金，但是前提是你必须找到一个专业熟练的师傅学习，只有自身练就一副好本领，才能捧得“金饭碗”。

2. 敏锐的色彩嗅觉。

家具美容师需要你有较好的色彩天赋，能够准确分辨出家具原有颜色的深浅、依据原有色彩准确调配出油漆涂料，以便能够准确完成家具的美容修复工作。

3. 良好的学习能力。

目前高档家具市场各种新兴工艺层出不穷，从事这一行业必须保持开放的心态，不断在日常工作中学习积累经验。及时跟踪潮流趋势，以使自己在瞬息万变的市场中立于不败之地。

职业提醒：

1. 注意健康防护。

家具美容行业所使用的修补材料和油漆，往往含有损害健康的化学物质，因此建议够买质量比较好的劳保防护用品，以便保证自身安全。同时，在修复作业时应该尽量避免老人小孩接近，以免对他人健康产生危害。

2. 提前与顾客沟通。

在家具美容作业前，应该及时主动与顾客沟通，说明家具美容可以达到的预期效果，同时协商好价格，从而避免产生不必要的误解和纠纷。

赚钱是有技巧的：

1. 学会从家具卖场找财路。

在从业初期，要想寻找客源，可以从各大家具卖场着手。印制大量名片，发送给各大卖场的经销人员与顾客，并且积极向经销商推介自己作为家具售后服务的维修养护业务，通过卖场为自己找到客源。

2. 提醒顾客定期养护。

对家具美容有需求的顾客，大多经济收入较高，需要维修养护的家具也多为高档家具。因此在提供家具美容服务时，可以经常提醒顾客注意定